네루다 시선

SELECTION OF POEMS
by Pablo Neruda

Copyright ⓒ PABLO NERUDA, and FUNDACIÓN PABLO NERUDA

All rights reserved.

Korean Translation Copyright ⓒ 2000, 2007 by Minumsa

Korean translation edition is published by arrangement with
Fundación Pablo Neruda, in representation of the Heirs of
Pablo Neruda c/o Agencia Literaria Carmen Balcells, S.A..

이 책의 한국어 판 저작권은
Agencia Literaria Carmen Balcells, S.A.와 독점 계약한
㈜**민음사** 에 있습니다.

저작권법에 의해 한국 내에서 보호를 받는 저작물이므로 무단 전재와 무단 복제를 금합니다.

네루다 시선

파블로 네루다 · 정현종 옮김

민음사

개정판을 내며

'스무 편의 사랑의 시와 한 편의 절망의 노래'라는 제목으로 소개했던 네루다의 시선(詩選)을 다시 한 번 다듬어 『네루다 시선』으로 펴낸다. 초판은 주로 한 가지 영역본을 가지고 번역했으나, 이번 판본에서는 두 가지 영역본과 스페인어 원본을 대조해 보면서 서로 다르거나 조금 이상해 보이는 낱말들을 여러 군데 고쳤다. 책이 새로운 모습으로 나오게 되어 기쁘다. 이것으로 이제 이 책에 실린 시편들의 운명이 정해진 걸로 여길까 한다.

정현종

차 례

스무 편의 사랑의 시와
한 편의 절망의 노래

한 여자의 육체	13
아, 소나무 숲의 광활함	14
나는 네 모습을 기억한다.	15
오늘 밤 나는 쓸 수 있다.	16

*VEINTE POEMAS DE AMOR Y
UNA CANCIÓN DESESPERADA*

지상의 거처 I·II·III

죽음만이	21
산보	24
동쪽에서의 매장	27
혼자 사는 신사	28
소나타와 파괴들	31
가족 안의 우울	33
성적(性的)인 물	36
망각은 없다(소나타)	39
브뤼셀	41

RESIDENCIA EN LA TIERRA
TERCERA RESIDENCIA

모두의 노래

마추픽추 산정 III	45
칠레의 발견자들	46
시인	47
남쪽에서의 굶주림	49
젊음	50
독재자들	51
아메리카여, 나는 헛되이 네 이름을 부를 수 없다	52
찬가와 귀국	53
크리스토발 미란다	56
포도의 가을이었다	58
파업	60
카라카스에 있는 미겔 오테로 실바한테 보내는 편지	62
수수께끼	70
길 위의 친구들	72

CANTO GENERAL

단순한 것들을 기리는 노래

내 양말을 기리는 노래	77
수박을 기리는 노래	82
소금을 기리는 노래	87
떨어진 밤을 기리는 노래	91
책에 부치는 노래 Ⅰ	95
탐조(探鳥)를 기리는 노래	99
폭풍우를 기리는 노래	108

이슬라 네그라 비망록

시	119

- 대담 ｜ 양(羊)과 솔방울·파블로 네루다와 로버트 블라이   124
- 해설 ｜ 인공 자연으로서의 시·정현종   135
- 옮긴이 후기   149

ODAS ELEMENTALES
   MEMORIAL DE ISLA NEGRA

스무 편의 사랑의 시와
한 편의 절망의 노래

VEINTE POEMAS DE AMOR Y
UNA·CANCIÓN DESESPERADA, © 1924
– Cuerpo de mujer, blanca colinas, muslos blancos
– Ah vastedad de pinos
– Te recuerdo como eras en el último otoño
– Puedo escribir

한 여자의 육체

한 여자의 육체, 흰 언덕들, 흰 넓적다리,
네가 내맡길 때, 너는 세계와 같다.
내 거칠고 농부 같은 몸은 너를 파 들어가고
땅 밑에서 아들 하나 뛰어오르게 한다.

나는 터널처럼 외로웠다. 새들은 나한테서 날아갔고,
밤은 그 강력한 침입으로 나를 엄습했다.
살아남으려고 나는 너를 무기처럼 벼리고
내 화살의 활처럼, 내 투석기의 돌처럼 벼렸다.

그러나 이제 복수의 시간이 왔고, 나는 너를 사랑한다.
벗은 몸, 이끼의, 갈망하는 단단한 밀크의 육체!
그리고 네 젖가슴 잔들! 또 방심(放心)으로 가득 찬 네 눈!
그리고 네 치골의 장미들! 또 느리고 슬픈 네 목소리!

내 여자의 육체, 나는 네 우아함을 통해 살아가리.
내 갈증, 내 끝없는 욕망, 내 동요하는 길!
영원한 갈증이 흐르는 검은 하상(河床)
그리고 피로가 따르며 가없는 아픔이 흐른다.

아, 소나무 숲의 광활함

아, 소나무 숲의 광활함, 부서지는 파도 소리,
천천히 빛들의 번쩍임, 외로운 종소리,
네 눈 속에 떨어지는 황혼, 장난감 인형이며
흙-소라인, 그 속에서 지구가 노래하는 너의 눈!

네 속에서 강들이 노래하고 내 영혼은 그 속으로 도망친다
네가 바라는 대로, 그리고 너는 욕망을 네가 보낼 데로 보낸다.
내 길을 네 희망의 활에 맞추어
나는 흥분하여 내 화살 떼를 날리리.

사방에서 나는 네 안개의 허리를 보고,
네 침묵은 내 애타는 시간을 괴롭힌다;
내 키스는 닻을 내리고, 내 젖은 욕망은
투명한 돌 팔이 있는 네 속에 둥지를 튼다.

아, 사랑이 울려내는 네 신비한 목소리는
반향하며, 숨 막히는 저녁 속에 어두워진다!
그렇게 깊은 시간 속에서 나는 보았다, 들판에서
밀의 귀들이 바람의 입 속에서 울리고 있음을.

나는 네 모습을 기억한다

나는 지난가을의 네 모습을 기억한다.
너는 회색 베레요 조용한 가슴이었다.
네 눈 속에서 황혼의 불꽃들이 싸우고 있었다.
그리고 나뭇잎은 네 영혼의 물에 떨어졌다.

기어오르는 식물처럼 내 팔을 끼고
이파리들은 느리고 평화로운 네 목소리를 거두었다.
내 갈증이 타고 있는 경외(敬畏)의 모닥불.
감미로운 푸른 히아신스가 내 영혼을 감아붙였다.

나는 네 눈이 여행하는 걸 느끼고, 가을은 사방 아득하다:
회색 베레, 새의 목소리, 내 깊은 그리움이
이주하는 집과 같은 가슴
그리고 내 키스는 떨어진다, 잔화(殘火)처럼 행복하게.

배에서 보는 하늘. 언덕에서 바라보는 들판:
너를 생각하면 기억나느니 빛과 연기와 고요한 연못!
네 두 눈 너머, 저 멀리, 저녁은 타오르고 있었다.
마른 가을 잎이 네 영혼 속에서 맴돌고 있었다.

오늘 밤 나는 쓸 수 있다

오늘 밤 나는 쓸 수 있다 제일 슬픈 구절들을.

예컨대 이렇게 쓴다 "밤은 별들 총총하고
별들은 푸르고 멀리서 떨고 있다"

밤바람은 공중에서 선회하며 노래한다.

오늘 밤 나는 제일 슬픈 구절들을 쓸 수 있다.
나는 그녀를 사랑했고 그녀도 때로는 나를 사랑했다.

이런 밤이면 나는 그녀를 품에 안고 있었다.
끝없는 하늘 아래서 나는 연거푸 그녀와 키스했다.

그녀는 나를 사랑했고, 때때로 나도 그녀를 사랑했다.
누가 그녀의 그 크고 조용한 눈을 사랑하지 않을 수 있겠는가.

오늘 밤 나는 제일 슬픈 구절들을 쓸 수 있다.
이제 그녀가 없다는 생각을 하며. 그녀를 잃었다는 느낌에 잠겨.

광막한 밤을 듣거니, 그녀 없어 더욱 광막하구나.

그리고 시가 영혼에 떨어진다 목장에 내리는 이슬처럼.

내 사랑이 그녀를 붙잡아 놓지 못한 게 뭐 어떠랴.
밤은 별들 총총하고 그녀는 내 옆에 없다.

그게 전부다. 멀리서 누가 노래하고 있다. 멀리서.
내 영혼은 그녀를 잃은 게 못마땅하다.

내 눈길은 그녀를 가까이 끌어 오려는 듯이 그녀를 찾는다.
내 가슴은 그녀를 찾고, 그녀는 내 곁에 없다.

같은 밤이 같은 나무를 희게 물들인다.
그때의 우리, 이제는 똑같지 않다.

나는 이제 그녀를 사랑하지 않고, 그건 그렇지만, 하지만 나는 얼마나 그녀를 사랑했던가.
내 목소리는 그녀의 귀에 가서 닿을 바람을 찾기도 했다.

다른 사람 거. 그녀는 다른 사람 게 되겠지. 내가 키스하기 전의 그녀처럼.

그녀의 목소리, 그 빛나는 몸. 그 무한한 두 눈.

나는 이제 그녀를 사랑하지 않고, 그건 그렇지만, 하지만 나는 그녀를 사랑하는지도 몰라.
사랑은 그다지도 짧고, 망각은 그렇게도 길다.

이윽고 밤이면 나는 그녀를 품에 안았으므로
내 영혼은 그녀를 잃은 게 못마땅하다.

비록 이게 그녀가 나한테 주는 마지막 고통일지라도
그리고 이게 그녀를 위해 쓰는 내 마지막 시일지라도.

지상의 거처 I·II·III

RESIDENCIA EN LA TIERRA, © 1933

- Solo la muerte
- Walking around
- Entierro en el Este
- Caballero solo
- Sonata y destrucciones
- Melancolía en las familias
- Agua sexual
- No hay olvido (Sonata)

TERCERA RESIDENCIA, © 1947

- Bruselas

죽음만이

외로운 묘지들이 있고,
아무 소리도 내지 않는 뼈들로 가득 찬 무덤들,
가슴은 터널을 통과하고 있고,
그 속은 어둠, 어둠, 어둠뿐,
조난처럼 우리는 죽어 우리들 자신 속으로 들어간다,
마치 우리가 우리 가슴속에 빠져 죽고 있었던 듯이
마치 우리가 피부에서 떨어져 나와 영혼 속으로 들어간 듯이.

그리고 시체들,
차고 끈적거리는 묘석 받침,
죽음은 뼈 속에 있다,
순수한 소리처럼,
개들도 없는데 어디서 짖어대는 것처럼,
어디 종(鍾)들에서, 어디 무덤들에서 와서
눈물이나 비처럼 축축한 공기 속에서 자란다.

이따금 나는 혼자 본다
관(棺)들이 항해하고 있는 걸,
창백한 사자(死者)를 싣고, 죽은 머리털 가진 여자들,
천사처럼 흰 빵구이들,

그리고 공중인들과 결혼한 수심에 찬 젊은 여자들을 싣고,
관들은 사자의 수직의 강을 항해해 오른다,
진자줏빛 강,
사자의 소리로 가득 찬 돛—
사자의 소리 없는 소리로 가득 찬 돛을 달고 거슬러 오른다.

발이 들어 있지 않은 구두처럼, 사람이 들어 있지 않은 옷처럼,
죽음은 그 모든 소리에 섞여서 온다
와서 노크한다, 돌 안 박은 반지, 손가락 안 들어 있는 반지로,
와서 소리 지른다, 없는 입, 없는 혀, 없는 목구멍으로.
그런데도 그 발소리
옷 스치는 소리가, 나무에서 나듯, 살그머니 난다.

잘은 모르겠고, 조금밖에는 알 수 없으며, 볼 수도 없지만,
내게는 그 노래가 젖은 제비꽃 색깔인 듯싶다,
땅속에서 편안한 제비꽃들—
왜냐하면 죽음의 얼굴은 창백하니,
그리고 죽음이 던지는 눈빛은 창백하니,
제비꽃 잎의 스며드는 축축함과
매운 겨울의 음산한 색깔에 물들어.

그러나 죽음은 또한 빗자루로 분장을 하고 세상을 지나간다,
바닥을 훑으며, 시체를 찾으며,
죽음은 그 빗자루 속에 있다,
빗자루는 시체를 찾는 죽음의 혀이며,
실을 찾는 죽음의 바늘이다.

죽음은 접는 침대들 속에 있다:
그건 후줄근한 매트리스에서, 검은 담요 속에서
너부러져 살며, 그리고 갑자기 숨을 몰아쉰다:
그건 시트를 부풀리는 어두운 소리를 터뜨리고,
그리고 그 침대들은 항해한다
죽음이 해군 제독처럼 차리고 기다리고 있는 항구로.

산보

내가 사람이라는 게 싫을 때가 있다.
나는 양복점에도 들어가 보고 영화관에도 들어가 본다
펠트로 만든 백조처럼 시들고, 뚫고 들어갈 수 없이 되어,
근원의 물과 재 속으로 나아간다.

이발관 냄새는 나로 하여금 문득 쉰 소리로 흐느껴 울게 한다.
내가 오직 바라는 건 돌이나 양모(羊毛)처럼 가만히 놓여 있는 것.
내가 오직 바라는 건 더 이상 상점들을 보지 않고, 점원들,
상품, 안경들, 엘리베이터들을 보지 않는 것.

내 발이 싫어지고 내 손톱과
내 머리카락 그리고 내 그림자가 싫을 때가 있다.
내가 사람이라는 게 도무지 싫을 때가 있다.

하지만 멋진 일일 거야
한 송이 자른 백합으로 법원 직원을 놀라게 하고
따귀를 갈겨 수녀를 죽이는 건 말야.
참 근사할 거야
푸른 칼을 들고 거리를 헤매며
내가 얼어 죽을 때까지 소리를 지르는 건 말야.

나는 줄곧 암흑 속에서 뿌리로 있는 걸 바라지 않는다,
불안정하고, 길게 뻗어 있으며, 잠으로 몸서리치고,
땅의 축축한 내장 속으로, 계속 내려가,
흡수하고 생각하며, 매일 먹는 걸 바라지 않는다.

나는 너무 심한 비참을 바라지 않는다.
나는 계속 뿌리나 무덤이기를 원치 않는다,
시체들의 창고인 땅 밑에서 혼자
거의 얼어서, 슬픔으로 죽어가는 걸 원치 않는다.

그게 바로 월요일이, 내가 가책받은 얼굴로
오고 있는 걸 볼 때, 가솔린처럼 불타고,
상처 입은 바퀴처럼 진행하면서 울부짖고,
밤을 향해 가며 뜨거운 피로 가득 찬 자국을 남기는 이유.

그리고 그건 나를 어떤 구석으로 몰아넣고, 어떤 축축한 집으로,
뼈들이 창밖으로 튀어나와 있는 병원들로,
식초 냄새 나는 구둣방으로 몰아넣고,
균열처럼 무서운 어떤 거리로 몰아넣는다.

유황색 새들, 내가 증오하는 집들 문 위에 걸려 있는
끔찍한 내장들
커피포트 속에 잊힌 틀니,
수치와 공포 때문에 울었을
거울들,
사방에 우산들, 독액(毒液), 그리고 탯줄.

나는 조용히 거닌다, 두 눈을 가지고, 구두와
분노를 지니고, 모든 걸 잊어버리며,
나는 걷는다, 사무실 건물들과 정형외과 의료기구상들 사이로,
그리고 줄에 빨래가 널려 있는 안뜰들—
속옷, 수건, 셔츠들에서 더러운 눈물이 떨어지고 있는 거길 지나서.

동쪽에서의 매장

나는 밤에 일한다, 나를 온통 둘러싸고 있는 도시,
어부들, 도공들, 그리고 사프란과 과일과 함께 태워져
주홍빛 모슬린 천에 감싸인 시체들:
그 끔찍한 시체들이 내 발코니 아래로 지나간다
철컥거리는 쇠사슬과 동제(銅製) 플루트 소리를 내며,
무겁고 망가진 꽃들의 빛깔에 싸인
거슬리고 가늘고 슬픈 소리
그리고 잿빛 춤꾼들의 외침,
계속 단조롭게 울리는 북소리
타면서 향내를 풍기는 통나무의 연기.

질척거리는 강 가까이, 모퉁이쯤에서
멈추거나 더 큰 움직임으로 뛰기 시작하는 그들의 심장들은
돌리며, 태워져, 다리와 발은 불이 되고
나부끼는 재는 물 위에 떨어져
타버린 꽃가지인 양 떠 있거나
아니면 여행자들이 남긴 꺼진 불이 너무 강력해서
그 검은 물 위에 뭔가를 태우게 하고
꺼진 숨과 지독한 술을 삼키게 하며 부동(浮動)할 것이다.

혼자 사는 신사

동성애하는 젊은 사내들과 연애에 미친 아가씨들,
흥분-착란으로 불면에 시달리는 많은 과부들,
애 밴 지 서른 시간쯤 되는 젊은 마누라들,
어둠 속에 내 정원을 가로지르며 목쉰 소리로 울어대는 고양이들,
이러한 것들이, 마치 발정해 발룽거리는 굴의 목걸이처럼,
내 외로운 집을 둘러싸고 있다,
내 영혼에 적대하여 진을 친 적들처럼,
잠옷 입은 음모꾼들처럼,
마음대로 길고 깊은 키스를 주고받으며.

번쩍이는 여름은
살찌고 마르고 즐겁고 슬픈 쌍들로 이루어진
모두 비슷하게 우울한 연인들의 무리를 이끈다;
바다와 달 가까이, 우아한 야자나무 아래로는,
바지들과 스커트들이 끊임없이 움직이고,
실크 스타킹들을 어루만지는 바스락 소리 들리고,
여자들의 유방들은 눈〔眼〕처럼 번쩍인다.

하찮은 일을 하는 종업원은, 여러 가지 일이 있은 뒤,
한 주일이 지루하게 지난 뒤, 그리고 잠자리에서는 소설 읽으며

밤을 보낸 뒤
　이웃집 여자를 꼭 한 번 꼬셨는데,
　인제 그는 그녀를 호위해서
　풋내기와 열정적인 거물급이 나오는 슬픈 영화를 보러 가서
　담배 냄새 나는 그의 따뜻하고 축축한 손으로
　달콤한 솜털에 싸여 있는 그녀의 다리를 어루만진다.

　여자 꽁무니 따라다니는 사람의 저녁들과 남편들의 밤이
　두 개의 침대보처럼 같이 와서 나를 덮고,
　또 저 점심 뒤의 시간―젊은 남학생들과
　젊은 여학생들, 그리고 사제(司祭)들이 수음을 하고,
　동물들은 드러내 놓고 올라타고,
　벌들은 피 냄새를 풍기고, 파리들은 성이 나서 붕붕거리고,
　사촌들은 조카 계집애들하고 이상한 놀이를 하고,
　의사들은 젊은 환자의 남편을 격노한 눈으로 보는 시간,
　그리고 또 아침 시간들―교수는 방심한 듯
　부부 간의 의무를 이행하고, 그리고 아침을 먹으며,
　더구나 간통자들은 바다의 정기선(定期船)처럼 높고 넓은 침대에서
　진짜 사랑을 하는 시간,

이 얽히고 숨 쉬는 광대한 숲이
사방에서 나를 확고히 둘러싼다 영원히
입 같기도 하고 치열(齒列) 같기도 한 거대한 꽃들로
그리고 손톱 같기도 하고 구두 같기도 한 검은 뿌리들로.

소나타와 파괴들

그렇게도 많은 일을 겪은 뒤에, 그다지도 머나먼 거리를 지나온 뒤에,
어떤 왕국인지도 모르고, 어떤 땅인지도 모르는 채,
가련한 희망을 갖고 돌아다니고,
속이는 동료들, 수상한 꿈과 더불어 돌아다니고 나서,
나는 아직도 내 눈 속에 살아 있는 완강함을 사랑한다,
말을 탄 듯이 내 심장이 뛰는 소리를 들으며,
잠든 불과 황폐한 소금을 나는 물어뜯고,
밤이 되어 어둠이 짙고, 그리고 슬픔이 남몰래 움직일 때,
나는 내가 먼 야영지들의 기슭을 망보는 사람이라고 상상한다,
빈약한 저항력으로 무장한 여행자,
자라나는 그림자와 떨리는 날개 사이에 끼인,
그리고 돌로 만든 내 팔이 나를 보호하는 여행자.

눈물의 과학 중에는 혼란스러운 제단이 있으며,
그리고 내 향기 없는 저녁 과업 속에서,
달이 사는 내 황폐한 침실 속에서,
내 식구인 거미들, 그리고 내가 좋아하는 파괴들 속에서,
나는 내 잃어버린 자아를 사랑하고, 내 홈 있는 성격,
내 반짝거리는 충격, 그리고 내 영원한 상실을 사랑한다.

축축한 포도는 그을었고, 그 우중충한 물은
아직도 명멸하며, 여전히 우리와 함께 있다.
그리고 보잘것없는 유산과 믿을 수 없는 주거도.

누가 재의 의식(儀式)을 거행했는가?
누가 잃어버린 걸 사랑했으며, 누가 마지막 남은 걸 보호했는가?
아버지의 뼈, 그 죽은 배의 목재,
그리고 그 자신의 종말, 그의 날아감,
그의 우울한 힘, 불운했던 그의 신(神)을?

그러니 나는 살아 있지 않은 것과 고통받고 있는 것을 매복해 기다리고 있다,
그리고 내가 제시하는 이상한 증언―
잔인할 만큼 효능 있고 재에다 쓴 증언은
내가 좋아하는 망각의 방식이다,
내가 땅에 붙인 이름, 내 꿈들의 가치,
내 겨울 눈(眼)으로 분배한 끝없는 풍부함,
이 세계가 이어가는 나날들.

가족 안의 우울

나는 푸른 병(甁) 하나를 간직하고 있다,
그 속에는 귀 하나와 초상 하나:
밤이 올빼미의 깃털을
지배할 때,
목쉰 벚나무가
그 입술들을 흩뜨리며 해풍이 자주
구멍을 내는 껍질로 위협적인 몸짓을 할 때—
그때 우리 모르게 광대히 펴져 있는 것들을 나는 안다,
쇳덩어리 속의 석영(石英)
진흙,
한판 싸움을 위한 푸른 물,
많은 침묵, 수많은
눈에 안 띄는 곳의 광맥과 장뇌,
무너진 것들, 큰 메달들, 친절,
낙하산들, 키스들.

그건 다만 어떤 날에서 다른 날로의 경과,
바다에 혼자 떠서 건너가는 병(甁),
그리고 장미가 도착하는 식당,
물고기 뼈처럼

버려진 식당; 나는 말하고 있는 것이다
강이 돌들을 끌고 지나가는 황량한 방
바닥의 박살 난 컵, 그리고 커튼을. 그건
비〔雨〕의 토대 위에 세워진 집이고,
필요한 수만큼 창이 있는 이 층짜리 집이며
모든 점에서 충실한 덩굴포도가 있는 집이다.

나는 오후에 가고, 도착한다
진흙과 죽음투성이로,
흙과 그 뿌리들을 질질 끌고,
그리고 시체들이 밀과 금속과 넘어진 코끼리와 더불어
잠을 자고 있는
그 흙의 희미한 위장(胃腸)을 끌고.

그러나 무엇보다도 거기엔 무서운,
어떤 무섭게 버려진 식당이 있는데.
깨어진 올리브 기름병이 있고,
의자들 밑으로 식초가 흐르고 있으며,
달빛 한 줄기가
무슨 어두운 걸 묶어놓았고, 그리고 나는

내 속에서 그와 비견할 만한 걸 찾는다:
아마도 그건 바다에 둘러싸여 있는 식료품점이거나
바닷물이 떨어지고 있는 찢어진 옷.
그건 단지 버려진 식당,
그리고 그 주위에 퍼져 있는 것들이 있다,
무너진 공장들, 토막 난 목재들
—나 혼자만이 아는—
나는 슬프고, 늙고
그리고 땅을 알고, 그리고 나는 슬프기 때문에.

성적(性的)인 물

크고 뚜렷한 방울들로 떨어진다,
이빨 같은 방울들로,
마멀레이드와 피처럼 짙은 방울들로,
커다란 방울들로 떨어진다, 물이
떨어진다,
방울들로 된 칼처럼,
뭘 찢는 유리의 강처럼,
그건 물어뜯으며 떨어지고,
대칭의 굴대를 두드리고, 영혼의 솔기를 두드리며,
포기된 것들을 부수고, 어둠을 적신다.

그건 한 번의 숨에 다름 아니다―울음이라기보다는 습기에 찬,
하나의 액체, 땀, 이름 없는 기름,
강렬한 움직임,
모양을 갖추고, 스스로 짙어지며,
물은 떨어진다
천천히 방울져
바다를 향해, 그 마른 대양을 향해,
그 물 없는 파도를 향해.

나는 드넓은 여름을 본다, 그리고 헛간에서 들리는 시끄러운 소리,
술집들, 매미들,
읍(邑)들, 흥분들,
집들, 가슴 위에 손을 올려놓고 자고 있는
아가씨들
해적질의 꿈, 큰 화재의 꿈,
나는 배들을 본다,
성난 고양이들처럼 곤두선
골수의 나무들을 보고,
피를 보고, 단도들과 여자 스타킹들,
남자들의 머리털,
침대들을 나는 본다, 한 처녀가 흐느끼고 있는 복도를 보고,
담요들과 오르간 그리고 호텔들을 본다.

나는 본다 은밀한 꿈들을,
나는 마지막 날들을 받아들이고,
시작들 또한, 그리고 기억들을 받아들이며,
가혹하게 힘껏 들어 올린 눈꺼풀처럼
나는 지켜보고 있다.

그러고는 이런 소리가 들린다:
뼈들의 붉은 소리,
살이 들러붙는 소리,
그리고 밀처럼 노란 다리들이 만나는 소리.
나는 키스들의 폭발 속에서 듣고 있고,
나는 듣고 있다, 숨소리와 흐느끼는 소리들 속에서.
나는 여기 있다, 지켜보며, 들으며,
바다에 있는 내 영혼의 반과 땅에 있는 내 영혼의 반으로,
그리고 내 영혼의 그 두 반들로 나는 세계를 지켜본다.

그리고 내 눈을 감고 내 가슴을 완전히 덮을지라도,
나는 잘 들리지 않게 물 떨어지는 걸 본다
잘 들리지 않는 커다란 방울들을.
그건 젤라틴의 폭풍 같고,
정액과 말미잘의 폭포 같다.
나는 흐린 무지개가 흐르는 걸 본다.
나는 그 물이 뼈들 사이로 지나가는 걸 본다.

망각은 없다(소나타)

나더러 어디 있었느냐고 묻는다면
"어쩌다 보니 그렇게 돼서……"라고 말할밖에 없다.
돌들로 어두워진 땅이라든가
살아 있느라고 망가진 강에 대해 말할밖에;
나는 다만 새들이 잃어버린 것들에 대해 알고,
우리 뒤에 멀리 있는 바다에 대해, 또는 울고 있는 내 누이에 대해서만 알고 있다.
어찌하여 그렇게 많은 장소들이, 어찌하여 어떤 날이
다른 날에 이어지는 것일까? 어찌하여 검은 밤이
입속에 모이는 것일까? 어찌하여 죽은 사람들이?

나더러 어디서 왔느냐고 묻는다면 나는 망가진 것들 얘기부터 할밖에 없다,
참 쓰라림도 많은 가구들,
흔히 썩어버린 큰 가축들,
그리고 내 괴로운 마음 얘기부터.

서로 엇갈린 게 기억이 아니다
망각 속에 잠든 노란 비둘기도,
눈물 젖은 얼굴들,

목에 댄 손가락들,
나뭇잎에서 떨어지는 게 기억이다:
이미 지나간 어떤 날의 어둠,
우리의 슬픈 피로 살찐 어떤 날의.

여기 제비꽃들, 제비들이 있다,
마음에 쏙 들고
시간과 달가움이 어슬렁거리는
마음 쓴 엽서에 등장하는 것들.

하지만 이빨보다 더 깊이 들어가지는 말고,
침묵이 쌓이는 껍질을 물어뜯지도 말자,
왜냐하면 나는 무슨 말을 해야 할지 모르니까:
죽은 사람이 참 많고
붉은 태양이 갈라놓곤 했던 바다 제방이 참 많고,
배들에 부딪치는 머리들이 참 많으며,
키스하며 엉키는 손들이 참 많고,
내가 잊고 싶은 게 참 많으니까.

브뤼셀

내가 한 모든 일로, 내가 잃어버린 모든 것,
놀람으로 얻은 모든 것에서,
나는 얼마간 줄 수 있다 나뭇잎으로, 신(酸性) 쇠로.
무슨 겁나는 맛, 타는 듯한 독수리들의 깃이
덮고 있는 강, 유황처럼 불타는
꽃잎의 은신처.

　　　쪼개지지 않은 소금은 인제 나를 용서하지 않는다,
한결같은 빵도, 대양의 비에
침식된 작은 교회도, 알 수 없는 거품에
부식된 석탄도.

나는 눈여겨보았으며 발견했다, 무겁게,
땅 밑에서, 놀란 몸들 중에서,
희끄무레한 나무로 만든 이빨처럼,
사나운 산(酸) 아래서 오고 가며,
고뇌의 실체에 접근해서,
달과 칼 사이에서,
밤에 죽어가며.

　　　　이제 깔보이는
속도의 한가운데서,
아무것도 걸치지 않은 벽에서,
끝이 막힌 내부 깊은 데서,
여기 나는 별을 잃어버린 것과 함께 있다,
식물처럼, 혼자.

모두의 노래

CANTO GENERAL, © 1950

- Alturas de Macchu Picchu, III
- Descubridores de Chile
- El Poeta
- Hambre en el sur
- Juventud
- Los Dictadores
- América, no invoco tu nombre en vano
- Himno y regreso
- Christobal Miranda
- Era el otoño de las uvas
- La huelga
- Carta a Miguel Otero Silva en Caracas
- Los Enigmas
- Compañeros de viaje

마추픽추 산정 III*

쓸모없는 행동들의 곡창, 불쌍한 사건들의 곡창에서 옥수수처럼 인간의 영혼이 탈곡되었다,
참을성의 그 끝까지, 그리고 그걸 넘어서,
그리고 하나의 죽음이 아니라 수많은 죽음이 각자한테 왔다:
매일같이 아주 작은 죽음, 먼지, 구더기,
변두리의 진창에서 꺼진 램프, 두꺼운 날개를 단 작은 죽음이
짧은 창처럼 각자를 꿰뚫었고
사람은 빵이나 칼에 묶이고
가축 치는 사람, 항구의 아이, 경작지의 검은 우두머리,
또는 붐비는 거리의 쥐새끼들한테 포위되었다:

모두들 낙담하여 죽음을 기다리고 있었다, 매일매일의 죽음을:
그리고 매일의 가혹한 불운은
그들이 손을 떨며 마신 검은 잔 같았다.

* 네루다가 1943년 안데스 산맥 꼭대기 마추픽추의 폐허에 다녀와서 쓴 열두 편의 시 중 하나.

칠레의 발견자들

알마그로는 그의 주름 진 번개를 북쪽에서 가지고 왔다.
그리고 밤낮 그는 폭발과 일몰 사이에서
이 지역에 열중했다, 마치 글을 읽듯이 열심히.
가시의 그림자, 엉겅퀴와 밀랍의 그림자,
토지의 어두운 전략을 살피고 있는
건조하게 생긴 그 스페인 사람.
나의 가느다란 나라는
밤과 눈과 모래로 되어 있는 몸체를 갖고 있고,
모든 침묵이 그 기나긴 해안에 어려 있으며,
모든 거품이 그 해변에서 일고,
모든 석탄이 신비로운 키스로 그걸 채우고 있다.
금은 숯불처럼 그 손가락에서 타오르고
은은 우울한 유성(遊星) 같은 그 단단한 모습을
푸른 달처럼 환하게 밝힌다.
그 스페인 사람은 어느 날 장미 옆에 앉아서,
석유 옆에, 포도주 옆에, 오래된 하늘 옆에 앉아서,
이 부분의 맹렬한 돌이 어떻게
바다 독수리의 똥 아래서 태어났는지 정말 알 수 없었다.

시인

전에 나는 고통스러운 사랑에 붙잡혀
인생을 살았고, 어린 잎 모양의 석영(石英) 조각을
소중히 보살폈으며
눈을 삶에 고정시켰다.
너그러움을 사러 나갔고, 탐욕의 시장을
걸어 다녔다, 아주 은밀한 시샘의 냄새를
맡으며, 가면들과 사람들의
비인간적인 적대감을 들이마시며.
나는 저습지들의 세계를 살았다—
그 돌연한 꽃, 흰 나리가
그 떨리는 거품 속에 나를 삼키고
발을 옮길 때마다 내 영혼이
나락의 이빨 속으로 빠져 드는 곳.
내 시는 이렇게 태어났다—어려움에서
빠져나오자마자, 형벌처럼
고독에서 벗어나면서,
또는 뻔뻔스러운 정원에서
그 가장 신비한 꽃을 숨겼다, 마치 그걸 묻듯이.
이렇게 깊은 수로에 사는
검은 물처럼 격리되어

나는 손에서 손으로 도망쳤다, 각 존재의
소외에로, 나날의 증오에로.
그들이 그렇게 살았음을 나는 알았다, 낯선
바다에서 온 물고기처럼, 그들
존재의 반을 숨기고, 그리고 어둑한
광막함 속에서 나는 죽음을 만났다.
문들과 길들을 여는 죽음.
벽 위로 미끄러지는 죽음.

남쪽에서의 굶주림

나는 본다, 로타의 탄광에서 흐느껴 우는 걸,
땅속 깊은 데 참담한 광맥을 파는
굴욕적인 칠레인의 주름 진 그림자를, 죽는 걸,
사는 걸, 화석화한 광재(鑛滓) 속에서
웅크리고 태어나는 걸, 마치 세계가
그렇게 오고 또 그렇게 떠날 것처럼
검은 먼지 속에, 불꽃 속에 무너져 있는 걸,
그리고 거기서 나옴 직한 거라고는 겨울의 기침,
유칼리 나뭇잎이 죽은 칼처럼 떨어진 검은
물속을 지나가는 말.

젊음

길가에 서 있는 자두나무 가지로 만든
매운 칼 같은 향내,
입에 들어온 설탕 같은 키스들,
손가락 끝에서 미끄러지는 생기의 방울들,
달콤한 성적(性的) 과육,
안뜰, 건초 더미, 으슥한
집들 속에 숨어 있는 마음 설레는 방들,
지난날 속에 잠자고 있는 요들,
높은 데서, 숨겨진 창에서 바라본
야생 초록의 골짜기:
빗속에서 뒤집어엎은 램프처럼
탁탁 튀며 타오르는 한창때.

독재자들

어떤 냄새가 사탕수수 사이에 남아 있다:
피와 육체의 어떤 혼합,
구역질을 느끼게 하는 예리한 잎사귀.
야자수 사이 무덤들은
망가진 뼈들과 말 없는 사전천명(死前喘鳴)으로 가득 차 있다.
술잔을 들고, 금줄 장식에, 깃을 세운
화사한 폭군이 말을 하고 있다.
자그마한 관저가 시계처럼 어슴푸레 빛나고
장갑을 낀 빠른 웃음들이
때때로 복도를 가로지르며
죽은 목소리들과
갓 묻힌 파랗게 질린 입들에 합류한다.
우는 사람을 알아차릴 수 없다, 그 씨앗이
끊임없이 땅에 떨어지는 식물,
그 커다란 잘 안 보이는 잎들이 빛 없이도 자라는 식물처럼.
증오는 점점 더
폭발하듯 늘어났다, 진흙과 무언(無言)에 찬
무슨 주둥이가 들어 있는
늪의 섬뜩한 물속에서.

아메리카여, 나는 헛되이 네 이름을 부를 수 없다

아메리카여, 나는 헛되이 네 이름을 부를 수 없다.
내가 가슴 앞에 칼을 쥐고 있을 때,
내가 영혼 속에 새는 지붕을 지니고 살 때,
그대의 새로운 날들 중 어떤 날이
창문으로 들어와 나를 관통할 때,
나는 나를 낳은 빛으로 있고 또 그 속에 있으며,
나를 이렇게 만든 어둠 속에서 나는 살고,
그대의 긴요한 해돋이 속에서 자고 깬다:
포도처럼 순하게, 또 지독하게,
설탕과 채찍의 운반자,
그대의 종(種)의 정액에 젖어,
그대가 물려주는 피로 양육되어.

찬가와 귀국*

조국, 나의 조국이여, 나는 내 피를 그대 쪽으로 돌린다.
하지만 나는 그대에게 간청한다, 아이가 엄마한테 하듯이
눈물을 흘리며.
받아주세요
이 눈먼 기타와
이 잃어버린 이마를
나는 그대를 위해 온 세상에서 자식들을 찾으러 떠났습니다,
나는 눈[雪]으로 만들어진 그대의 이름과 함께 쓰러진 이들을 위로하려고 떠났으며,
그대의 순결한 목재로 집을 지으러 떠났으며
그대의 별을 상처 입은 영웅들한테 가져다주려고 떠났습니다.

이제 나는 그대의 실체 속에서 잠들고 싶습니다.
그대의 가슴 에이는 현(絃)의 맑은 밤을 나한테 주시고
그대의 배[船]의 밤, 별들 가득한 그대의 높이를 나한테 주십시오.

내 조국이여, 나는 그림자들을 바꾸고 싶습니다.
내 조국이여, 나는 장미들을 바꾸고 싶습니다.
내 팔로 그대의 가느다란 허리를 감싸 안고

바닷물에 씻겨 희어진 그대의 돌 위에 앉아
밀을 손에 쥐고 그걸 깊이 들여다보고 싶습니다.
나는 그 얇은 질산화(窒酸華)를 따겠으며
들의 미끄러운 솜털을 느끼고,
그대의 유명하고도 외로운 바다 거품을 바라보면서
그걸로 그대의 아름다움 위해 해변을 따라 화환을 짜겠습니다.

조국, 나의 조국이여,
공격적인 물과
호전적인 눈으로 둘러싸이고,
독수리와 유황이 그대 속에서 하나 됩니다,
그리고 완전히 인간다운 빛의 방울이
그대의 산족제비와 사파이어의 남극의 손 속에서 타오르고,
적대적인 하늘을 밝힙니다.

내 조국이여, 그대의 빛을 돌보세요!
그대의 꼿꼿한 희망의 밀짚을
눈멀고 겁먹은 공기 속으로 들어 올리십시오.
이 고된 빛 전부가 그대의 외진 땅에 떨어졌습니다,
이 인간의 운명에,

잠들어 있는 아메리카의 광대함 속에서
그대 홀로 신비한 꽃 한 송이 지키도록.

* 네루다는 남미의 땅과 역사를 노래하기도 했는데, 이 작품은 그의 모국인 칠레에 바치는 찬가이다. 스페인 공화국이 패퇴한 뒤 칠레로 돌아가기로 결정한 직후인 1939년에 쓴 것이다.

크리스토발 미란다

(토코피야의 삽질하는 사람)

나는 당신을 만(灣)에 있는 넓은 거룻배 위에서
만났다, 크리스토발, 질산나트륨이*
타오르는 11월의 날에 싸여
바다로 떨어지는 동안.
나는 무아지경의 온후함을 기억한다,
금속의 언덕들, 움직이지 않는 물을.
거룻배 사공만이, 땀에 젖어,
눈〔雪〕을 옮기고 있었다.
나트륨의 눈이,
괴로운 어깨 너머로 부어져,
배들의 안 보이는 위장 속으로 떨어지고 있었다.
거기 삽질하는 사람들, 동틀 녘의 주인공들이,
산(酸)에 침식당하고, 죽을 운명에 처해, 꿋꿋이 서서,
나트륨의 홍수를 받아들이고 있었다.
크리스토발, 이 기억은 당신을 위한 것,
당신과 함께 삽질하는 사람들을 위한 것이다,
으스러진 독수리처럼, 사람이 죽을 때까지
심장을 부풀어 오르게 하는
산과 치명적인 가스가 침투한 가슴을 가진 사람들,
죽어서 시내로 실려 가고,

들판의 부서진 십자가들을 향해 실려 가는 사람들.
그걸로 충분하다, 크리스토발, 오늘
이 종이쪽이 당신을 기억한다, 당신들 모두를,
만의 거룻배 사공을,
배 안에서 새카맣게 되어버린 사람을,
내 두 눈은 이 나날의 일을 하며 당신의 눈과 함께 움직이고
내 영혼은 사막의 생명인 당신 옆에서
피와 눈[雪]을 싣고 부리는 삽이다.

* 이 작품은 칠레 북부 사막 지대에서 '칠레 초석(硝石)'이라고 불리는 질산 나트륨을 캐고 싣고 운반하는 사람(들)에 관한 것이다. 그러니까 눈[雪]이란 나트륨을 가리키는 것이다.

포도의 가을이었다

포도의 가을이었다.
터질 듯한 포도밭이 몸을 떨었다.
반쯤 가려진 흰 송이들은
자기네 손가락들이 차다는 걸 알았고,
검은 포도알들은
둥글고 은밀한 강으로부터
그들의 작고 살찐 유방들을 채우고 있었다.
공예가이며 매상(相)인
그 집 아저씨는
바랜 지지(地誌)를 읽어주며
음산해지는 절기에 대해 설명했다.
그의 온정은 깊은 과일 속까지 보았고
포도 덩굴에도, 그리고 포도나무가 단순한 굽 있는 술잔 모양을 유지하도록 가지를 치는
칼에도 그 시선은 스며 들었다.
그는 거대한 아이들한테 말하듯
자기네 말들한테 얘기했: 그의 뒤에는
고양이 다섯 마리가 따라다녔고,
또 가족의 일부인 개들,
어떤 놈들은 아치 모양을 하고 슬슬 움직였고

또 다른 놈들은 배나무 아래서
미친 듯이 뛰고 있었다.
낱낱 가지들을 그는 알고 있었고
나무들에 난 흠집도 낱낱이 알고 있었으며,
그리고 말들을 쓰다듬는
그의 오래된 목소리는 나를 가르쳤다.

파업

돌아가지 않는 공장이 이상해 보였다.
공장 속의 고요,
두 행성 사이의 한 가닥 실이 끊어진 듯
기계와 사람 사이의 거리,
물건 만드느라 시간을 쓰던 사람들의 손들의
부재(不在), 그리고
일도 소리도 없는 휑한 방들.
사람이 터빈의 공동(空洞)들을
저버렸을 때, 그가
송풍관에서 팔을 떼어
용광로의 내부 기관이 죽었을 때,
바퀴의 눈을 뽑아내어
눈부신 빛이 그 보이지 않는 원(圓) 속에서
꺼졌을 때,
크나큰 에너지의 눈,
힘의 순수한 소용돌이의 눈,
엄청난 동력의 눈을 뽑아버렸을 때,
남은 건 의미 없는 강철 조각 더미,
그리고 사람 없는 작업장 안에 혼자 남은 공기와
쓸쓸한 기름 냄새.

그 파편 튀는 망치질이 없으니,
라미레스가 없으니,
그 해진 작업복 입은 사람이 없으니,
아무것도 없었다.
엔진 덮개 외엔 아무것도
죽어버린 동력의 더미 외엔 아무것도 없었다,
오염돼 더러운 바다 깊은 데 있는
검은 고래처럼,
갑자기 외계(外界)의 쓸쓸함 속에 잠겨버린 산맥처럼.

카라카스에 있는 미겔 오테로 실바한테 보내는 편지
(1948)

니콜라스 길옌이 당신 편지를 내게 가져왔어,
그의 옷, 그의 눈에 보이지 않게 쓰여 있는 걸 말야.
당신 얼마나 행복해, 미겔, 우리 둘 다 말야!
곪고 아픈 데 투성이인 이 세상에서
턱없이 행복한 건 우리 말고 아무도 없어.
나는 까마귀가 지나가는 걸 보고 있어; 그가 내게 해를 입힐 수 있는 건 아무것도 없어.
당신은 전갈을 보고, 당신 기타를 닦지.
시를 쓰며, 우리는 맹수들 속에서 살고 있어, 그리고 우리가
어떤 사람을, 우리가 믿었던 어떤 사람의 내용물을 건드리면,
썩은 파이처럼 산산조각이 나버려,
당신은 베네수엘라에서, 구제받을 수 있는 건 무엇이나
긁어모아 지니라고, 나는 내 두 손으로
타오르는 삶의 석탄을 감쌀 테니.
참 행복하지 않은가, 미겔!
내가 어디 있는지 궁금한가? 말해 주지—
정부에 유익한 건 자세하게—
거친 바위들이 흩어져 있는 이 해변에서는
바다와 들이 합치고, 파도와 소나무 숲이 어울리며
바다제비들과 독수리들, 초원과 거품이 어울리지.

당신은 바닷새들 가까이서, 그들이 어떻게 나는지 보며
하루 내내 보내본 적이 있어? 그들은
세계의 편지들을 자기들이 날아가는 방향으로 옮기고 있는 것 같아.
펠리컨은 바람에 불려 가는 배들 같고
다른 새들은 화살처럼 지나가지,
한 줄의 터키옥과 함께 안데스 산맥 연안에 묻힌
죽은 왕들과 부왕들한테서 무슨 전달을 가지고 오듯이,
그리고 그다지도 장려하게 흰 갈매기들은
그게 무슨 전갈인지 자꾸 잊어버리고 있지.
삶은 얼마나 푸르른지, 미겔, 우리가 사랑하며
그 속에서 싸울 때, 말〔言語〕은 빵과 포도주이고,
그 말을 그들은 지금까지도 끌어내리지 못하는데, 왜냐하면
우리가 총과 노래를 가지고 거리로 걸어 나갔기 때문이야.
그들은 우리를 어떻게 해야 할지 몰라, 미겔.
그들이 뭘 할 수 있겠어 우리를 죽이는 것밖에는, 한데 그것조차
좋은 흥정이 못 될 테니—그들은 그저
길 건너에 방을 하나 얻어 드는 수밖에 없을 거야, 그래서
우리를 미행하며 우리처럼 웃고 우는 걸 배울 수 있을 거야.
내가 연애시를 쓰고 있을 때 말야, 그 작품들은 내 몸

사방에서 돋아난 것이고, 그 무렵 나는 의기소침에서 헤어나지 못하고 있었고,
　　떠돌이 생활에 자포자기해서, 알파벳을 갉아 먹고 있었는데 말이지,
　　그때 그들은 나한테 말했어: "당신 참 굉장하군요, 테오크리토스!"*
　　나는 테오크리토스가 아니야: 나는 생(生)을 얻었고,
　　그녀와 대면해, 그녀에게 키스했고,
　　그러고 나서 다른 사람들이 어떻게 사나 보려고
　　광산의 갱 속으로 다녔지.
　　그리고 내가 나왔을 때, 내 손은 쓰레기와 슬픔으로 얼룩져 있었고,
　　나는 손을 들어 그걸 장군들한테 보여주며
　　말했지: "나는 이 죄악의 일부가 아니오."
　　그들은 기침을 하기 시작했고, 역겹다는 표정을 지었고, 인사도 하지 않았고,
　　나를 테오크리토스라고 부르는 것도 그만두었고, 결국 나를 모욕하기에 이르렀으며
　　전 경찰력으로 하여금 나를 체포하도록 했는데
　　왜냐하면 내가 주로 형이상학적 주제에 매달리는 걸 계속하지

않았기 때문이야.
　그러나 나는 기쁨을 내 옆으로 가져왔어.
　그때부터 나는 바닷새들이 먼 데서 가져오는
　편지를 읽으러 일어나기 시작했지,
　축축하게 젖어서 오는 편지들,
　내가 한 구절 한 구절, 천천히 그리고 확신을 가지고 번역하는 메시지들: 나는 꼼꼼해
　낯선 의무를 다하고 있는 엔지니어처럼 말이야.
　불현듯 나는 창가로 가지, 그건 순수한 빛의
　네모이고, 풀과 울퉁불퉁한 바위들의
　맑은 지평선이 있고, 나는 일하고 있어 여기
　내가 사랑하는 것들 속에서: 파도, 바위, 말벌,
　해양적 행복감에 도취해.
　그러나 아무도 우리가 행복한 걸 좋아하지 않지, 그래서 그들은 당신을
　안락한 역할 속으로 던져 넣지: "인제 허풍 떨지 마, 걱정할 거 없다고."
　하면서 그들은 나를 귀뚜라미장에 가두고 싶어 했어, 눈물이 있을 거기에 말야.
　그러면 나는 익사할 거고, 그들은 내 무덤으로 만가(晚歌)를 보낼

수 있었을 거야.
　　나는 질산염층이 있는
　　모래땅에서의 어느 날을 기억해; 오백 명이
　　파업을 하고 있었지. 타는 듯한 오후였어
　　타라파카에서 말이야. 얼굴들이 온통
　　사막의 모래와 비정한 태양을 흡수한 뒤,
　　나는 봤어, 내가 싫어하는 잔처럼,
　　내 묵은 우울이 내 속으로 들어오는 걸. 이 위기에
　　소금층이 있는 황량한 곳에서, 싸움의 그
　　힘없는 순간에, 우리가 패배했을 수도 있는 그때에,
　　광산에서 나온 작고 파리한 아가씨가
　　유리와 강철이 들어 있는 용감한 목소리로 당신의 시를 읊는
거야,
　　내 나라의, 아메리카의 모든 노동자들의
　　주름 진 눈 주위에 떠도는 당신의 친근한 시 말이지.
　　그리고 당신의 그 짧은 시 한 편이 문득
　　자줏빛 꽃처럼 내 입속에서 타올랐어,
　　그러고는 내 피 속으로 흘러들었어, 당신 시에서
　　태어난 넘치는 기쁨으로 그걸 다시 한 번 채우며.
　　나는 당신을 생각했어, 또한 당신의 쓰디쓴 베네수엘라도.

몇 해 전에 나는 어떤 장군의 명령으로 채워진 쇠사슬 때문에
발목에 자국이 나 있는 학생 하나를 봤는데,
그는 나한테 쇠사슬에 묶여 길에서 일하는 일단의 사람들에 대해 말했고
사람들이 영원히 사라져버리는 감옥들에 대해 말하더군. 왜냐하면 그게 우리 아메리카의 현실이었으니까:
탐욕스러운 강들과 나비들의 성좌가 있는 기다란 땅(어떤 곳에서는 에메랄드가 사과만큼 무겁지).
그러나 밤과 강들의 전장(全長)과 함께
거기엔 언제나 피 흘리는 발목이 있지, 어떤 때는 유전(油田) 근처,
또 어떤 때는 피사과(Pisagua)에 있는 질산염 근처에 말야, 거긴 썩은 지도자가
우리 나라 최상의 인간들을 땅속에 생매장하고,
그들의 뼈를 팔아먹는 곳.
그게 당신이 노래를 쓰는 이유지, 그래도 어느 날 욕되고 상처 입은 아메리카가
그 나비들을 파닥이게 하고 무서움에 떨지 않고 그 에메랄드를 캐도록 하며,
사형집행인들과 사업가들의 손을 응고시키도록 말이야.
당신이 오리노코 강에서 얼마나 기쁨에 겨워 노래할는지 나는

짐작해 보았어,
 필경 집에서 마실 포도주를 사겠지,
 싸움과 의기충천하는 일에서 당신의 역할을 하겠지,
 넓은 어깨를 가지고, 우리 시대의 시인처럼 말야―
 가벼운 옷을 입고 편한 신발을 신고.
 그 후 줄곧 나는 당신한테 편지 쓸 생각을 하고 있었고,
 길옌이 도착했을 때, 당신 이야기를 끊이지 않고 했는데,
 그의 옷 사방에서 온통 그 얘기가 풀려 나오더라고
 ―그 얘기들은 우리 집 밤나무 아래서 흘러나왔지―
 나는 혼잣말을 했어: "지금이구나!" 그러고서도 나는 당신한테 보내는 편지를 시작도 하지 못했지.
 그런데 오늘은 나로서 감당할 수 없는 날이었어: 한 마리가 아니라,
 수천 마리 바닷새가 내 창을 지나갔고,
 나는 아무도 읽지 않는 편지들을 집어 올렸지, 새들이
 세계의 모든 바닷가로 가지고 가는 편지들―그들이 그것들을 잃어버릴 때까지 가지고 가는 편지들 말야.
 그러고는 그 편지 하나하나에서 나는 당신의 말을 읽었는데,
 그건 내가 쓰는 말, 내가 꿈꾸는 말, 그리고 시에다 쓰는 말과 닮아 있었어,

그래서 나는 이 편지를 당신한테 보내기로 했는데, 이만 줄이겠어
창으로 우리의 것인 세계를 볼 수 있게 말야.

* 테오크리토스: 기원전 3세기 전반기의 그리스 전원시인.

수수께끼*

바다가재가 그 금빛 다리로 짜고 있는 게 뭐냐고 당신은 나한테 물었고
나는 대답한다: 바다가 그걸 알 거라고.
우렁쉥이가 그 투명한 방울〔鍾〕속에서 무얼 기다리고 있느냐고 당신은 말한다. 그건 뭘 기다리고 있을까?
나는 말한다, 그건 시간을 기다리고 있다고, 당신처럼.
당신은 나한테 묻는다 매크로시스티스 앨거**는 그 품속에 누구를 안고 있느냐고.
연구해, 그걸 연구해 봐, 어떤 시간에, 내가 아는 어떤 바다에서.
당신은 일각(一角) 고래의 고약한 송곳니에 대해 묻고, 나는 그 바다의 일각수(一角獸)가 어떻게 작살에 맞아 죽는지 말하는 걸로 대답을 대신한다.
당신은 물총새의 깃에 대해 알고 싶어 한다,
남쪽 조수의 맑은 샘에서 몸을 떠는 그 새의.
또는 카드에서 말미잘의 투명한 건축에 관한 의문을 발견하고 나더러 해명하라고 할 모양이지?
당신은 지느러미 가시의 전기적(電氣的) 성질을 알고 싶어 하지?
걸어가면서 부서지는 장갑(裝甲) 종유석은?
아귀의 돌기, 물속 깊은 데서 실처럼
뻗어가는 음악은?
바다가 그걸 안다는 걸 나는 당신한테 말하고 싶다, 그 보석 상

자 속에 들어 있는 생명은
  모래처럼 끝이 없고, 셀 수 없으며, 순수하고,
  그리고 핏빛 포도 사이에 시간은
  단단하고 반짝이는 꽃잎을 만들었고, 빛으로 가득 찬 해파리를
만들었으며
  또 그 마디들을 이어놓았고, 그 음악적인 줄기들을
  무한한 진주층(眞珠層)으로 만들어진 풍요의 뿔에서 떨어져 내리
게 한다.

  나는 사람의 눈을 앞질러 간, 그 어둠 속에서
  활기 없는 빈 그물일 뿐,
  삼각자에 익숙한 손가락들, 겁 많은 오렌지 구체(球體) 위의
  경도(經度)를 앞질러 간 빈 그물.

  나는 당신처럼 돌아다닌다,
  끝없는 별을 찾으며,
  그리고 내 그물 속에서, 밤중에, 나는 벌거숭이로 깨어난다,
  단 하나 잡힌 것, 바람 속에 잡힌 물고기 하나.

   * 「광대한 대양」이라는, 태평양의 섬과 생물에 대한 스물네 편의 작품 중 열
     일곱 번째.
   ** 갈색의 큰 해초, 북태평양 연안에 있으며 줄기가 700피트에 이르기도 함.

길 위의 친구들*

그 무렵 나는 수도에 도착했다, 가볍게
안개와 비에 젖어서. 그것들은 어떤 거리였던가?
1921년의 옷은 가스, 커피 그리고
벽돌들의 불쾌한 냄새 속에서 증식되고 있었다.
나는 이해하지 못하는 채 학생들 사이를 걸었다,
내 속의 벽들을 드러내지 않은 채, 매일같이
나뭇가지들을 위해, 빗방울과 잃어버린 달을 위해
내 보잘것없는 시를 찾으며.
나는 그 속으로 깊이 들어갔다, 매일 밤
그 물속에서 침잠하며, 닿을 수 없는
에너지, 황량한 바다의 갈매기를 잡으며,
두 눈을 감고 나 자신의 육체 한가운데서 난파할 때까지.
그것들은 검은 그림자였을까,
그것들은 다만 흙에서 움직이는 숨은 젖은 나뭇잎일 뿐이었을까?
죽음이 쏟아져 나오는 그 상처 입은 실체―
내 팔다리를 건드리고, 내 웃음을 조종하며,
거리에서 고통의 우물을 파는 그 실체는 무엇이었을까?

나는 삶 속으로 나아갔다: 나는 자랐고 단단해졌으며,
소름 끼치는 뒷골목을 걸었다
연민도 없이, 열광의 미답지(未踏地)를

외쳐 부르며. 벽은 얼굴들로 가득 차 있었다:
빛을 보지 않는 눈들, 범죄로 환하게 밝혀진
소용돌이치는 물, 고독한 오만의
유산들, 비난받고 찢긴 가슴들로
가득 차 있었던 구멍들.
나는 그것들과 함께 걸었다: 내 목소리가 고독을,
그게 거기서 태어난 그 고독을 다시 찾은 건
오직 그 합창 속에서였다.

나는 마침내 불꽃 속에서 노래하는
어른이 되었다, 밤에 갈 데가 있는
친구들 틈에 끼어
술집에서 함께 노래했고,
그들은 나한테 단순한 친절 이상의 것을 베풀었다,
그들의 전투적인 손이 방어한 어떤 것을,
봄보다 더 나은 것,
유일한 불, 허물어져 내리는
교외의 진정한 식물을.

* 서른여덟 편의 자전적 작품 중 네 번째. 산티아고에서 학교를 다니던 열일
곱 살 때 이야기.

단순한 것들을 기리는 노래

ODAS ELEMENTALES, © 1954
- Oda a una castaña en el suelo
- Oda al libro
- Oda a Mirar los Pájaros
- Oda a la Tormenta

NUEVAS ODAS ELEMENTALES, © 1956
- Oda a los calcetines

TERCER LIBRO DE ODAS, © 1957
- Oda a la sal

NAVEGACIONES Y REGRESOS, © 1959
- Oda a la Sandía

내 양말을 기리는 노래

마루 모리가 나한테 가져왔다
양말
한 켤레
그건 그녀의 양 치는
손으로 짠 것,
토끼처럼
부드러운 양말 한 켤레.
나는 두 발을
그 속에
넣는다
마치
황혼과
양가죽으로
짠
두 개의 상자 속으로
밀어 넣듯이.

강렬한 양말,
내 두 발은
양털로 만들어진

두 마리 고기,
금색 실 한 가닥이
들어가 있는
남청빛
두 마리 기다란 상어,
두 마리 거대한 검은 새,
두 개의 대포:
내 두 발은
이
거룩한
양말들로 하여
이렇게 명예스러워졌느니.
처음에
그것들은
너무 훌륭해서
내 발은 도무지
두 늙어빠진
소방수처럼
거기에 걸맞지 않게
보였다, 그

짜인 불에 도무지
어울리지 않는
소방수,
그 불타는
양말에
어울리지 않는.

하지만
마치 학생들이
부나비를
보관하고,
학자들이
신성한 책들을
모으듯이,
그것들을 보관하고 싶은
강한 유혹을
나는 물리쳤다
그것들을
금으로 된
새장에

넣고
매일
모이와
분홍색 참외 조각을
주고 싶은
엄청난 충동을
물리쳤다.
아주 희귀한
녹색 사슴을
쇠꼬챙이에 꿰어 구워서
가책을 느끼며
먹는
정글의
탐험가들처럼,
나는 두 발을
뻗어
그 멋진
양말을
신고
그리고 구두를 신었다.

내 송시(頌詩)의
덕목은 이렇다:
아름다운 건 갑절로
아름답고
좋은 건 두 배로
좋다, 그게
겨울에
양털로 만든
한 켤레 양말의 일일 때에는.

수박을 기리는 노래

찌는 여름의
나무,
견고하고,
온통 푸른 하늘,
황색 태양,
지쳐 늘어짐,
고속도로 위의
칼,
도시들 속의
그슬린 구두:
그 밝음과 세계가
우리를 내리누르고,
두 눈을
찌른다
자욱한 먼지
갑작스러운 금빛 강타로,
그것들은 우리 다리를
고문한다
작은 가시들로
뜨거운 돌들로,

그리고 입은
괴롭다
발가락들보다 더:
목은
탄다,
이도
입술도, 혀도:
우리는 마시고 싶다
폭포를,
검푸른 하늘을,
남극을,
그런 뒤
제일 찬 것
하늘을 가로지르는
별들을,
그 둥글고, 멋지고,
별 가득한 수박을.

그건 목마른 나무에서 딴 것.
그건 여름의 초록 고래.

이 서늘한 창공에 의해
돌연
검은 별들이 주어진
메마른 우주는
부푸는
과일을
내려준다:
그 반구(半球)는 열린다
푸르고, 희고, 붉은
깃발 하나 보이며,
거친 강이 되고,
설탕이 되고,
기쁨이 된다!

물의 보석 상자,
과일 가게의 냉정한
여왕,
심오함의
창고,
땅 위의

달!
너는 순수하다,
네 풍부함 속에
흩어져 있는 루비들,
그리고 우리는
너를 깨물고
싶다,
우리의
얼굴을
네 속에 파묻고 싶다,
우리의 머리카락, 그리고
영혼도!
우리가 목마를 때
우리는 너를 힐끗 본다
마치
환상적인 음식의
광산이나 산인 듯이,
그러나
우리의 갈망과 이빨 사이에서
너는 바뀐다

다만
서늘한 빛으로—
언젠가 노래하며
우리를 설레게 한
샘물
속으로
미끄러져 들어가는 빛.
그게 네가
오븐과도 같은
낮잠 시간에
우리를 허덕이게 하지 않는 이유,
너는 우리를 허덕이게 하지 않는다,
너는 다만
지나간다
그리고 무슨 차가운 잔화(殘火)인, 네 심장은,
한 방울 오롯한
물방울로 변한다.

소금을 기리는 노래

염전의
소금 창고 속에 있는
소금을 나는 보았다.
당신은
내 말을 믿지 않겠지만,
그러나
그건 노래한다,
소금은 노래한다, 염전의
피부는
노래한다
흙으로 메워진
입을 통해.
그 황무지에서
내가
소금
의
목소리를 들었을 때
나는 그
고독
속에서 몸을 떨었다.

안토파가스타 근처
전체
염전이
울린다
그건
부서진
목소리,
슬픔에
가득 찬 노래.

그 구멍
속에서
소금은 신음한다, 묻힌 빛의
산,
투명한 대성당
바다의 수정, 파도
의 망각.
한편 지구 위의
모든 식탁에
소금,

네 날렵한
물질이
그 발랄한 빛을
우리 음식
위에
퍼붓는다.
배들의
옛 선창의
보존자,
대양의
탐험가,
거품의 작은 길을
열며, 미지의 곳으로
제일 먼저 간
물질.
바다의 가루, 너로부터
혀는 밤바다의
키스를 받는다:
입맛은 소금에 전 낱낱 조각에서
대양을 알아차리고,

아주 작은
지극히 작은
소금 창고의 물결도
우리한테 보여준다
가정적인 백색 이상의 것을,
무한의 중심의 맛을.

떨어진 밤을 기리는 노래

빽빽한 잎에서
너는 떨어져
완성한다,
윤나는 숲,
반짝이는 적갈색,
우듬지에서 새로
태어난 바이올린처럼
완벽한 것,
그 낙하는
비장(秘藏)된 선물들을 준다,
새들과 잎들 속에서
남모르게 불어난
숨겨진 단맛,
형태의 모델,
목재와 밀가루의 친척,
그 속에 본래의 기쁨
먹을 수 있는 장미를 지닌
타원형의 악기.
나무 꼭대기에 너는 버려두었다
밤나무의 빛 속에

벌어져 있는
성게 가시를,
그 틈으로
너는 세계를
힐끗 보았다,
음절들을 터트리는
새들,
반짝이는
이슬,
아래엔
사내애들과
계집애들의 머리,
풀은 끊임없이 움직이고,
김은 모락모락 오르고.
너는 결정했다.
밤아,
그리고 땅으로 뛰어내렸다,
윤기 나고 준비되어,
단단하고 보드랍기는
아메리카 섬들의

작은 젖가슴 같고.
너는 떨어졌다.
너는 땅을
때렸다,
그러나
아무 일도 일어나지 않았다,
풀은
여전히 흔들리고, 늙은
밤나무는 나무 숲의
입으로 한숨 쉬고,
가을 붉은 잎은 떨어졌다,
단호하게, 시간은
땅을 가로질러 행진해 갔다.
왜냐하면 너는
오직
씨앗이니,
밤나무, 가을, 흙,
물, 하늘, 침묵이
그 싹을 마련했다,
분말의 밀도,

묻혀 있다가 다시
잎들의
단순한 위엄인
하늘을 향해 열릴
모성적 눈꺼풀을,
새로운 뿌리들의
어두운 습기 찬 계획,
땅속에 또 하나의 밤나무라는
오랜 그러나 새로운 차원.

책에 부치는 노래 I

내가 책을 덮을 때
나는 삶을 연다.
나는 듣는다
항구들 사이에서
나다 안 나다 하는 고함 소리를.
구리 잉곳(鑄塊)이
사갱(沙坑)을 미끄러져
토코피야로 간다.
밤.
섬들 사이에서
우리의 대양은
물고기로 고동치고,
우리 나라의
발과, 넓적다리와,
백악(白堊) 갈비뼈를 건드린다.
밤은 내내
그 해변에 매어 달리고, 새벽이 오자
그건 노래하며 눈을 뜬다
마치 그게 기타를 자극한 듯이.

바다의 큰 파도가 부르고 있다.
바람이
나를 부르고
로드리게스가 부르고,
또 호세 안토니오―
나는 광산 노조에서
전보를 받았고
내가 사랑하는 어떤 사람은
(이름은 말하지 않겠다)
부칼레무에서 나를 기다린다.

어떤 책도 나를
종이로 쌀 수 없었고,
인쇄로
나를 채울 수 없었으며,
거룩한 간기(刊記)로도 채울 수 없었고,
여태껏 내 눈을
덮지도 못했다,
나는 책에서 나와 과수원으로 살러 간다
내 목쉰 노래 일족(一族)과 함께,

달아오르는 금속 일을 하러 가고
산속 난롯가에서
훈제 쇠고기를 먹으러 간다.
나는 모험적인
책을
좋아한다,
숲이나 눈[雪]에 대한 책
바다나 하늘
그러나
거미 책은
싫어한다
생각이
해로운 철망을 쳐서
어리고
선회하는 비상에 올가미를 씌우는 그런 책.
책이여, 나를 놓아다오.
나는 여러 권의 책으로
뒤덮이지 않으련다,
나는 작품집에서
나오지 않았고,

내 시들은
시들을 먹지도 않았다—
그들은 자극적인 일들을
삼켰고,
험악한 날씨로 컸으며,
땅과 사람들한테서
음식을 얻었다.
신발에는 먼지가 낀 채
나는 가는 중이다
신화에서 자유롭게:
책들은 서가로 보내자,
나는 거리로 나가련다.
나는 삶 자체에서
삶을 배웠고,
단 한 번의 키스에서 사랑을 배웠으며
사람들과 함께 싸우고
그들의 말을 내 노래 속에서 말하며
그들과 더불어 산 거 말고는
누구한테 어떤 것도 가르칠 수 없었다.

탐조(探鳥)를 기리는 노래

자,
새를 찾는 거다!
숲의
쇠 같은 높은 나뭇가지들,
무성한
땅의 비옥함,
젖은
세계,
빗방울이나 이슬, 작은
별이
잎들 속에서
반짝인다,
이른 아침은
신선하구나
어머니이신 대지여,
공기는
강물처럼
침묵을
흔든다,
로즈메리 냄새,

공간과
뿌리들의.
머리 위에는
미친 듯한 노래,
폭포,
아, 그건 새 한 마리.
어떻게
손가락보다 크지 않은
목구멍에서
그런 물이
노래로 떨어질까?

빛나는 재능!
보이지 않는
힘,
나뭇잎 속에
음악의
분류(奔流),
신성한 대화!

맑고 깨끗하고 신선하구나
오늘이여,
초록 하프 같은
울림,
내 구두는
진흙 속에
빠지고,
나는 샘물들을 뛰어넘는다,
가시가
나를 찌르고 돌풍이
수정 파도처럼
내 가슴을 때린다.
새들은
어디 있지?
그게 새였나,
나뭇잎 속에서 속삭인
그것,
갈색 벨벳의
잡을 수 없는 공,
문득 끼쳐오는

향기가?
육계나무에서 떨어지며
펄럭거린 그 잎이
새였을까?
마주 스치는 목련에서
떨어지는 꽃가루,
탁 소리를 내며 떨어진
그 과일이
비상이었을까?
오, 작은
보이지 않는 크레틴들아,
악마의 새들아,
악마한테나
가렴,
너와 네 소리
그리고 그 쓸모없는 깃털!
나는 오직
그들을 쓰다듬고 싶을 뿐,
그들이 빛나는 걸 보고 싶을 뿐,
나는 그들이 새장에 들어 있는 걸

보고 싶지 않으며
방부 처리된 그 번뜩임을 보고 싶지 않다,
나는 그들이 살아 있는 걸 보고 싶다,
나는 그 진짜 가죽 장갑을
만지고 싶다
나뭇가지 뒤에 내버려 두지 않고,
그리고 내 어깨에 앉는
그들과 이야기하고 싶다,
내가, 어떤 조상(彫像)처럼
부당하게 희어진다고 하더라도.

불가능하다.
그들은 만져질 수 없고,
들릴 뿐이다,
하늘의
살랑거림이나 움직임,
그들은 분명하게
말하고
그들의 관찰을
되풀이한다.

그들이 하고 있는 걸
자랑하고,
삶의 본질에 대해
설명한다,
수로학(水路學) 같은
과학에
정통하고,
과학적 확실성을 갖고
어디서 곡식이
추수되고 있는지 안다.

그러면
정글의, 숲의,
눈에 띈 적이 없는 가지들의
보이지 않는
새들아,
아카시아와
떡갈나무의 새들아,
환장한,
사랑에 빠진,

놀라운 새들아,
허영심 많은
가수들아,
이주하는 음악가들아,
내가 젖은 발로
가시투성이로
그리고 마른 잎들과 함께
집으로 향하기
전에
마지막으로
한마디 하련다:
방랑자들아,
너희를 사랑한다
자유롭고
총이나 새장에서 안전하고,
붙잡기 어려운
화관(花冠)이니
나는 너희를
사랑한다,
붙잡을 수 없고

연대하고 낭랑한
높은 곳의 사회,
맘대로 나는
나뭇잎들,
공기의
챔피언들,
연기의
꽃잎들,
자유로운
행복한
비행자며 가수,
공기의, 하늘의,
바람의 항공사(航空士),
부드러운 선의 보금자리의
행복한
건축가,
지칠 줄 모르는
꽃가루 운반자,
꽃들의
중매쟁이,

씨앗의 삼촌,
나는 너희를 사랑한다
배은망덕한 것들아.
나는 집으로 돌아간다
잠깐
바람 위에서
너희와 함께 산 걸 행복해하며.

폭풍우를 기리는 노래

어젯밤
그녀는
왔다,
검푸르게,
밤빛 감청,
포도주 빛으로:
물의 머리카락,
차가운 불의 눈을
가진
폭풍우—
어젯밤 그녀는
지상에서 자고 싶었다.
그녀의 맹렬한 행성에서,
하늘에 있는 그녀의 동굴에서
갓 풀려나
느닷없이 왔다;
그녀는 자고 싶었고
잠자리를 만들고 싶었다:
정글과 고속도로들을 휩쓸고,
산들을 휩쓸고,

바다의 돌들을 씻고,
그러고는
자기 침대를 만들려고
마치 그것들이 깃털인 양
소나무 숲을 휩쓸었다.
그녀는 그녀의 화통(火筒)에서
번개를 흔들어 떨어뜨렸고,
커다란 통들인 양
우레를 떨어뜨렸다.
일순
침묵에 싸였다:
나뭇잎 하나
나는〔飛〕 바이올린처럼
공중에서 활주했다―
그러고는
그게 땅에 닿기 전에
너는 그걸
손에 쥐었다, 엄청난 폭풍이여,
모든 바람이
호른을 불어대게 했고,

밤은 온통
그 말들을 달리게 했으며,
얼음은 모두 윙윙거리고,
거친
나무들은
죄수들처럼
비참하게 시달렸다,
땅은
신음하고, 여자는
출산하고,
한 줄기 강풍으로 너는
풀이나
별들의 산들거림을
잠재우며,
얼얼한 침묵을
손수건처럼
찢어발긴다―
세계는
소리와 맹위(猛威)와 불로 가득 차고,
번개 칠 때는

네 번쩍이는 이마에서
머리카락 떨어지듯 하고,
네 전사의 벨트에서
칼이 떨어지는 듯하며
세상이 끝나는구나 하고
우리가 생각할 때쯤,
그때쯤,
비,
비,
오직
비,
땅 전체, 온
하늘이
잠든다,
밤은
사람의 잠 위에
피 흘리며 무너지고,
오로지 비,
시간과 하늘의
물뿐:

꺾인 가지,
빈 둥지
외에는 아무것도
떨어지지 않았다.

네 음악적인
손가락들로,
네 지독한 포효로,
네 밤 화산의
불로,
너는 나뭇잎 하나 들어 올리며
놀고,
강들에 힘을 주고,
사람 되게
사람을
가르치고,
약한 사람 겁먹게 하고,
여린 사람 울게 하며,
창문들을
덜그럭거리게 한다—

그러나
네가 우리를 파괴하려고 했을
때,
맹위가 단도처럼
하늘에서 떨어졌을 때,
불빛과
그림자가 모두 떨고
소나무들이 밤바다 끝에서
울부짖으며 스스로를
삼킬 때,
너, 자상한 폭풍우여,
내 약혼자여,
그렇게 거칠었으면서도 너는
우리한테 잘못을 하지 않았다:
그렇질 않고
너의 별과
비로 돌아갔다,
풋풋한 비,
꿈과 씨로
가득 찬 비,

추수의
어머니인
비,
세상을 씻는 비,
씻어 잘 말리고,
그걸 새롭게 하는,
우리들 사람과
씨앗을 위한 비,
죽은 사람을
잊게 하고
내일의 빵을
위한
비—
비만을
너는 남겼다,
물과 음악,
그래서,
나는 너를 사랑한다
폭풍우여,
나를 생각해 주고,

다시 와서,
나를 깨워주며,
비추어주고,
너의 길을 보여주어
선택된 목소리
사람의 폭풍우 같은 목소리가
너와 어울려 너의 노래를 부르게 해다오.

이슬라 네그라 비망록

MEMORIAL DE ISLA NEGRA, © 1964
- Oda a la Poesía

시

그러니까 그 나이였어…… 시가
나를 찾아왔어. 몰라, 그게 어디서 왔는지,
모르겠어, 겨울에서인지 강에서인지.
언제 어떻게 왔는지 모르겠어,
아냐, 그건 목소리가 아니었고, 말도
아니었으며, 침묵도 아니었어,
하여간 어떤 길거리에서 나를 부르더군,
밤의 가지에서,
갑자기 다른 것들로부터,
격렬한 불 속에서 불렀어,
또는 혼자 돌아오는데,
그렇게, 얼굴 없이
그건 나를 건드리더군.

나는 뭐라고 해야 할지 몰랐어, 내 입은
이름들을 도무지
대지 못했고,
눈은 멀었어.
내 영혼 속에서 뭔가 두드렸어,
열(熱)이나 잃어버린 날개,

그리고 내 나름대로 해보았어,
그 불을
해독하며,
나는 어렴풋한 첫 줄을 썼어
어렴풋한, 뭔지 모를, 순전한
난센스,
아무것도 모르는 어떤 사람의
순수한 지혜;
그리고 문득 나는 보았어
풀리고
열린
하늘을,
유성(遊星)들을,
고동치는 논밭
구멍 뚫린 어둠,
화살과 불과 꽃들로
들쑤셔진 어둠,
소용돌이치는 밤, 우주를.

그리고 나, 이 미소(微小)한 존재는

그 큰 별들 총총한
허공에 취해,
신비의
모습에 취해,
나 자신이 그 심연의
일부임을 느꼈고,
별들과 더불어 굴렀으며,
내 심장은 바람에 풀렸어.

대담
양(羊)과 솔방울
―파블로 네루다와 로버트 블라이
　1966년 6월 12일, 뉴욕에서.

블라이 당신의 시에는 엄청난 이미지들의 강이 범람한다, 로르카, 알렉산드레, 바예호 그리고 에르난데스의 시에서와 마찬가지로—바로 시의 뿌리에서 솟는 시의 분출이다. 20세기에 가장 위대한 시가 스페인어로 나타난 이유는 무엇인가?

네루다 그런 얘기를 미국 시인한테서 듣는 건 아주 기분 좋은 일이라는 걸 우선 말해야겠다. 우리도 물론 열광하는 걸 좋아하지만, 우리는 아직 대단한 게 없는 일꾼들이다—우리는 너무 비교를 해서는 안 된다. 스페인어 시에 대해 두 가지 다른 걸 얘기해야겠다. 16세기와 17세기의 스페인 시는 위대했다—공고라, 케베도, 로페 데 베가 그리고 다른 많은 거인들이 있다. 그런데, 그 후 3세기, 시가 없다—아주 보잘것없는 시밖에는. 마침내 로르카, 알베르티 그리고 알렉산드레의 세대가 다시 큰 시를 썼다—그들은 그 작은 시를 극복하고 솟아올랐다. 어떻게, 또 왜? 우리는 이 세대가 공화

국으로서의 스페인의 정치적 각성, 잠자고 있던 위대한 나라의 깨어남과 때를 같이하는 세대라는 걸 기억하지 않으면 안 된다. 문득 그들은 깨어나는 사람의 모든 에너지와 힘을 갖게 되었다. 나는 그에 대해 내 시 「스페인은 어떠했는가」에서 얘기했는데, 어젯밤 포에트리 센터에서 내가 낭독한 걸 당신은 기억할 것이다. 불행하게도, 무슨 일이 있어났는가. 프랑코 일당이 반란을 일으켰다. 그 때문에 많은 시인들이 추방당하거나 죽었다. 미겔 에르난데스, 로르카, 안토니오 마차도한테 일어난 일들이 그것인데, 그들은 실로 20세기의 고전 작가들이었던 것이다.

  남미에서 시는 전혀 다른 문제다. 알다시피 우리 대륙의 나라들에는 이름 없는 강들, 아무도 모르는 나무들, 누구도 말한 적이 없는 새들이 있다. 우리가 초현실적이 되는 건 쉬운 노릇인데 왜냐하면 우리가 아는 모든 것은 새로운 것이기 때문이다. 그런데, 우리가 알기로는, 우리의 의무는 들어보지 못한 것을 표현하는 것이다. 유럽에서는 모든 게 그려졌고, 유럽에서는 모든 게 노래되었다. 그러나 아메리카에서는 그렇지 않다. 그런 의미에서 휘트먼은 위대한 선생이었다. 휘트먼은 무엇인가? 그는 강렬한 의식이었을 뿐만 아니라 눈뜬 사람이었다! 그는 모든 것을 보는 무서운 눈을 갖고 있었다―그는 우리한테 사물을 보는 방법을 가르쳤다. 그는 우리들의 시인이었다.

  블라이 휘트먼은 확실히 북미의 시인들보다 스페인어권 시인들한테 더 많은 영향을 주었다. 왜 북미의 시인들은 그를 이해하지 못했을까? 영국의 영향 때문에 그랬을까?

네루다 아마, 아마 영국의 주지주의적 영향 때문일 것이다. 또한 많은 미국 시인들은 휘트먼이 너무 거칠고 너무 원시적이라고 생각한 엘리엇을 그냥 따른다. 그러나 그는 그렇게 간단하지 않다―휘트먼, 그는 복잡한 인간이며 그가 제일 좋은 건 그가 가장 복잡한 때이다. 그는 세상을 향해 열린 눈을 가지고 있었으며, 또 그는 우리한테 시와 다른 많은 것들에 대해 가르쳤다. 우리는 그를 대단히 사랑했다. 엘리엇은 우리한테 큰 영향을 미치지 못했다. 그는 아마도 너무 지적이고, 우리는 너무 원시적인 모양이다. 그리고 누구나 어떤 길을 선택해야 한다―세련되고 지적인 길이거나, 아니면 보다 형제답고 일반적인 길을 택해 당신을 둘러싸고 있는 세계를 끌어안으려고 한다든지 새로운 세계를 발견하려고 한다든지…….

블라이 엘리엇은 자신의 에세이에서 전통에 주목했다. 그러나 당신 말을 들으면, 남미에는 실로 아무 전통이 없다는 얘기로 들리기도 한다―아메리카에는 아무 전통이 없다―그리고 그 전통 결핍을 인정하는 것이 사물을 열었다…….

네루다 그거 흥미로운 얘기다. 어떤 남미 시인들한테서는 아주 오래된 사고방식과 표현 방식의 흔적을 볼 수 있다는 점을 얘기해야겠다. 예컨대 바예호한테 있는 인디언적 사고방식 같은 게 그것이다. 세사르 바예호는 인디언 나라인 그의 나라, 페루의 아주 깊은 데서 유래한 어떤 걸 가지고 있다. 알다시피 그는 훌륭한 시인이다.
　문학의 전통에 대해서 말인데, 우리는 어떤 전통을 가졌을까? 19세기의 스페인 시는 아주 빈약한 시였다―미사여구에다 거짓되고—가장 나쁜 방식으로 후기 낭만주의적이었다. 그들 중에는 좋은 낭만주의 시인이 없었다. 셸리도 없었고 괴테도 없었다. 도대체 그런 시인이 없었다. 도무지 없었다. 수사적이고 공허했다.

블라이   당신의 시는 사람들 사이의 애정의 전망을 보여준다. 사람과 동물 사이의 애정, 식물과 뱀들에 대한 연민, 그리고 인간과 그의 무의식이 주고받는 것…… 대부분의 현대 시인들은 아주 다른 전망을 드러낸다. 그 점에 대해서는 어떻게 생각하는가?

네루다   글쎄, 나는 시의 종류를 구분한다. 내가 이론가는 아니지만, 나는 밀폐된 방에서 쓰인 시를 한 가지의 시로 본다. 한 예로 말라르메를 들겠는데, 아주 위대한 프랑스 시인이다. 나는 가끔 그의 방을 찍은 사진들을 보았다. 그 방들은 작고 아름다운 물건들—아바나코—부채들로 가득 차 있었다. 그는 부채들에 대해서 아름다운 시를 쓰곤 했다. 그러나 그의 방들은 숨 막히고, 커튼 천지이며, 공기가 통하지 않았다. 그는 닫힌 방의 위대한 시인이며 신세계(미국을 가리킴—옮긴이)의 많은 시인들이 이 전통을 따르는 것 같다. 그들은 창을 열지 않는데, 당신은 창을 열 뿐만 아니라 창밖으로 나가서 강과 동물과 맹수들과 더불어 살지 않으면 안 된다. 나는 우리나라와 라틴 아메리카의 젊은 시인들한테—아마 이게 우리의 전통일 것이다—사물을 발견하라고 말하고 싶다. 바다에 들어가 보고, 산에 들어가 보고, 모든 살아 있는 것에 다가가라고. 그리고 그런 엄청난 경이가 있는데, 어떻게 생명에 접근하는 걸 좋아하지 않을 수 있겠는가?

나는 이슬라 네그라의 아주 거친 바닷가에 살고 있다―내 집이 거기 있다―그리고 나는 거기서 혼자 바다를 바라보거나 일을 하는 데 지치는 법이 없다. 나한테 그건 끊임없는 발견이다. 아마 내가 당신네 나라의 위대한 저술가 소로나 그 밖의 명상적인 작가들처럼 19세기의 어리석은 자연 애호가인지도 모르겠다. 나는 명상적이지 않지만, 그러나 그건 시인의 삶의 아주 커다란 부분이라고 생각한다.

블라이 당신은 많은 정치적 싸움터에서 싸웠고, 곰처럼 진지하게 그리고 확고하게 싸우고 있는데도, 톨스토이처럼 정치적인 문제에 사로잡히는 걸로 끝나지도 않았고 또 더 나빠지지도 않았다. 당신의 시는 점점 더 인간적으로 되고, 애정 깊은 게 되어가는 것 같다. 그러한 걸 어떻게 설명하겠는가?

네루다 알다시피 나는 아주 정치적인 나라 출신이다. 싸우는 사람들은 대중으로부터 대단한 지지를 받는다. 정치적으로 칠레의 모든 작가들은 좌익이다―그 점에는 거의 예외가 없다. 우리는 우리 국민들한테 지지받고 이해받았다고 느낀다. 그게 우리 마음을 아주 든든하게 하며 우리를 지지하는 상당수의 사람들은 대단히 훌륭하다. 알다시피 칠레의 선거에서는 어느 한쪽이 일방적인 승리를 거두거나 그렇지 않더라도 상대방은 아주 적은 득표를 할 뿐이다. 시인으로서 우리는 참으로 일반 국민과 접촉하는데, 그러한 건 매우 드문 일이다. 나는 내 시를 우리 나라 어디에서나 낭독한다―모든 마을, 모든 도회지에서―여러 해 동안, 그리고 그렇게 하는 걸 나는 내 의무라고 느낀다. 그건 싫증 나고 귀찮은 일이지만 그러나 부분적으로는 정치에 대한 내 집착이 그것으로부터 온 것이라고 할 수 있다. 나는 우리 나라의 하고많은 불행을 보아왔다. 내가 보는 가난—나는 그걸 외면할 수가 없다.

블라이 근년에 와서야 미국 사람들은 남미 문학이 어떤 것인지 깨닫기 시작했다. 그들은 여전히 그것에 대해 아는 게 별로 없다.

네루다 그 문제는 번역의 문제라고 생각한다. 북미의 작가가 더 많이 스페인어로 번역되고 또 남미의 시와 문학이 더 많이 영어로 번역될 필요가 있다. 칠레의 펜클럽 대표가 그들이 만든 책 목록을 나한테 보여주었다. 그 목록은 북미인들이 읽어야 할 백 권의 기본적인 남미 작품을 담고 있다. 그들은 그런 계획에 대한 지원을 바라고 있고 펜클럽 대회 기간 동안 자기들의 뜻을 알리려 하고 있다. 그건 좋은 생각이다. 펜클럽이 그걸 지원할지 어떨지 알 수 없으나, 누군가가 그 계획을 지원하지 않으면 안 된다. 생각해 보라—그 바예호의 작품이 미국에서 번역이 된 일이 없다! 겨우 스무 편의 작품이 당신네의 식스티스 프레스(Sixties Press) 출판사에서 출판되었을 뿐이다.

블라이 당신은 인류의 많은 적들 중에 신(神)들이 있음을 믿게 되었다고 알고 있다. 당신이 양곤에 있을 때 그러한 것을 처음 느꼈다고 말한 걸로 나는 안다. 그러나 시와 마찬가지로 신들도 인간의 무의식으로부터 나오는 게 아닌가? 그렇다면 어떤 뜻에서 그들이 적인가?

네루다 처음에는 신들이 시와 마찬가지로 돕는다. 인간은 인간을 돕는 신을 만든다. 그러나 나중에 인간은 신들을 이기고 그러고는 파산한다.

블라이 당신한테 할 좋은 질문이 하나 있다. 당신은 지금까지 과연 살았다고 생각하는가?

네루다 모르겠다……. 그렇게 생각하기보다는―더 생각해 보겠다!

블라이 톨스토이는 인간성 속에 새로운 의식이 새로운 기관(器官)처럼 발전해 왔다고 말하면서, 정부가 이 새로운 의식의 성장을 막으려 하고 있다고 말했다. 당신은 그게 사실이라고 생각하나?

네루다 일반적으로 정부들은 이 세계의 어디에서나 작가와 시인들의 정신을 이해한 적이 없다. 그것은 우리가 고치고자 하는 일반적인 일이다. 어떻게? 제작하고 씀으로써. 대중 앞에서 하는 강연이나 다른 강연들을 보니 당신들 미국 시인들은 훌륭한 일을 하고 있다. 당신들은 당신이 말하는 그런 정신을 옹호함으로써 새로운 걸 깨닫게 하고 있다.

블라이 세사르 바예호는 초현실주의를 통해 싸우고 거기에 오랫동안 빠져 있던 시기(트릴세 시편)를 지나,『인간 시편(*Poemas Humanos*)』에서는 매우 인간적인 단순성에 이르렀다. 당신도『지상의 거처(*Residencia en la Tierra*)』의 오랜 초현실주의 시기를 지나 『단순한 것들을 기리는 노래(*Odas Elementales*)』의 단순성에 이르렀다. 당신들 두 사람이 같은 길을 간 건 묘하지 않은가?

네루다 나는 바예호를 사랑한다. 나는 항상 그에 대해 감탄했고, 우리는 형제다. 그럼에도 우리는 아주 다르다. 특히 인종이 그렇다. 그는 페루 사람이었다. 그는 진짜 페루 사람이고 나한테는 페루 사람이 어딘지 흥미롭다. 우리는 다른 세계에서 왔다. 나는 당신이 나한테 한 말을 생각해 본 적이 없다. 나는 당신이 우리 두 사람에게 접근하는 방식을 아주 좋아한다—다시 말해서 우리의 작품 세계에서 우리를 가까이 접근시킨 게 상당히 좋다. 나는 그런 생각을 해보지 못했다. 그거 좋다.

블라이 그와 함께 실내에 있을 때 그는 어떤 모습이었는가? 흥분하기 쉬운 사람이었나 아니면 평온하고 생각에 잠겨 있는 (침울한) 사람이었나?

네루다 바예호는 보통 아주 진지했고, 아주 근엄했고, 대단한 위엄을 가지고 있었다. 그는 아주 높은 이마를 갖고 있었고 체구는 작았으며, 경원한다고 할까 떨어져 있는 듯이 아주 서름서름했다. 그러나 친구들과 같이 있을 때는—그가 다른 사람들과 있을 때도 그랬는지는 모르겠으나 우리와 있을 때는 그랬는데—행복해서 펄쩍펄쩍 뛰는 걸 보았다. 그러니까 나는 적어도 그의 두 가지 면을 알고 있다.

블라이 사람들은 라틴 아메리카의 시와 소설에서 많이 보이는 '인디언적 요소'에 대해 자주 얘기한다. 그 '인디언적 요소'란 정확히 무엇인가?

네루다 바예호에게서 그것은 미묘한 사고방식, 직접적이지 않고 간접적인 표현 방식으로 드러난다. 나한테는 그게 없다. 나는 카스틸랴 시인이다. 칠레에서 우리는 인디언을 옹호하며, 모든 남미 사람은 어느 정도 인디언 피를 갖고 있는데, 나 또한 그렇다. 그러나 나는 내 작품이 어느 모로도 인디언적이라고 생각하지 않는다.

블라이 『지상의 거처』에서 당신의 시는, 마치 검은 땅을 파 들어가는 사람처럼, 절망 속으로 깊이깊이 파 들어간다. 그 뒤 당신은 방향을 바꾸었고, 당신의 시는 더욱더 단순성을 향해 갔다. 그것은 사람들이 얼마나 도움을 필요로 하고 있는지를 스페인 내전이 아주 분명하게 보여준 데 그 일부 이유가 있는 것인가?

네루다 당신 그 얘기 참 잘했다―사실 그렇다. 알다시피 내가 『지상의 거처』 I과 II를 썼을 때 나는 인도에 살고 있었다. 나는 스물하나, 스물둘, 그리고 스물세 살이었다. 나는 인도 사람들로부터 고립되어 있었는데, 그들을 나는 잘 몰랐고, 또한 내가 이해하지 못한 영국 사람들과도 떨어져 지냈는데, 그들 역시 나를 이해하지 못했으며, 그래서 나는 뚫고 들어갈 수 없는 흥미진진한 나라에 있었는데 그 나라를 잘 이해할 수 없었다. 그때가 나한테는 외로운 날들이요 세월이었다. 1934년에 나는 마드리드 주재 영사로 옮기게

…되었다. 스페인 내전은 나로 하여금 더욱 보통 사람들과 가까이 살도록 돕고 부추겼으며, 더욱 이해하고 더욱 자연스러워지도록 했다. 처음으로 나는 내가 공동체에 속해 있다는 걸 느꼈다.

블라이 릴케와 「신성한 시인들(Poetas Celestes)」에 대한 당신 생각이, 당신이 그들을 공격하는 시를 쓴 이래 조금이라도 바뀌었는가?

네루다 그렇다. 일생 동안 나는 여러 번 잘못을 저질렀다는 걸 말해야겠다. 나는 독단적이었고 어리석었다. 그러나 내 생각의 흐름은 옛날과 다름이 없다. 단지 과장 속에서 나는 잘못을 했는데, 왜냐하면 그는, 카프카가 위대한 소설가인 것과 마찬가지로, 위대한 시인이기 때문이다. 미안하다. 그러나 모순들―사람은 삶이 진행해야만 그것들을 보며, 실수를 한 뒤에야 그걸 안다.

블라이 많은 사람들이 오늘날 쓰인 문학 작품의 질이 30년 전에 쓰인 작품의 질보다 떨어진다고 느끼고 있는데, 당신도 그렇게 생각하나?

네루다 아니, 그렇지 않다. 창조성은 전보다 두드러진다고 생각한다. 나는 오늘날 젊은 시인들의 작품에서 일찍이 보지 못한 수많은 새로운 형식들을 본다. 체험에 대한 두려움이 더 이상 없다. 전에는 틀을 깨는 데 대한 커다란 두려움이 있었으나 이제는 그런 두려움이 없다. 그건 근사한 일이다.

블라이　어떻게 해서 당신은 그런 체험의 두려움이 없는가?

네루다　두려움이 없어지기까지는 많은 시간이 걸렸다. 내가 젊었을 때 나는 구석에 몰린 쥐처럼 공포로 가득 차 있었다. 내가 아주 젊은 시인이었을 때 나는 비평가들이 우리한테 강요한 모든 법칙들을 깨는 걸 두려워했다. 그러나 지금은 그렇지 않다. 지금 등장하는 모든 젊은 시인들은 자신들이 하고 싶은 대로 말하고 자신들이 하고 싶은 대로 행동한다.

블라이　어떤 에세이에서 당신은, 어렸을 때 겪은 일이 당신의 시에 커다란 영향을 주었다고 스스로 생각한 일에 대해서 썼다. 당신네 집 뒤뜰에 담이 있었다. 거기 뚫린 구멍으로 어느 날 작은 손이 당신한테 선물을―장난감 양(羊)을 하나 들이밀었다. 그리고 당신은 집에 들어갔다가 나와서 그 구멍으로 당신이 제일 좋아하는 물건―솔방울을 건네주었다.

네루다　그래, 그 아이가 나한테 양을, 나무로 만든 양을 들이밀었다.

블라이　그 일로 당신은 만일 당신이 어떤 걸 인류에게 주면 당신은 한결 더 아름다운 걸 받게 된다는 걸 이해하게 되었다고 말했는데.

네루다　당신의 기억력은 대단하다. 그거 옳은 얘기다. 나는 어린 시절의 그 일에서 많은 걸 배웠다. 그 선물의 주고받음―신비한―은 무슨 앙금처럼 내 속 깊이 자리 잡았다.

해설
인공 자연으로서의 시
— 또 하나의 천지창조

1

　네루다의 시는 언어라기보다 그냥 하나의 생동이다. 그의 살은 제 살이 아니라 만물의 살이요, 그의 피는 자신의 피가 아니라 만물의 피이며, 그의 몸 안팎의 분비물은 자기의 것이라기보다 만물의 것이기 때문일 것이다.(이 말은 인간의 살과 피가 그가 먹은 온갖 것의 결과라는 사실적, 논리적 인식과는 좀 다르다.) 요컨대 네루다는 만물이다. 그의 시를 통해 자신들이 드러날 때 사물은 마침내 희희낙락하는 것 같고, 스스로의 풍부함에 놀라는 것 같다. 예컨대 그가 「시」라는 작품에서

　　그러니까 그 나이였어…… 시가
　　나를 찾아왔어. 몰라, 그게 어디서 왔는지,
　　모르겠어, 겨울에서인지 강에서인지.

언제 어떻게 왔는지 모르겠어,
아냐, 그건 목소리가 아니었고, 말도
아니었으며, 침묵도 아니었어,
하여간 어떤 길거리에서 나를 부르더군,
밤의 가지에서,
갑자기 다른 것들로부터,
격렬한 불 속에서 불렀어,
또는 혼자 돌아오는데
그렇게, 얼굴 없이
그건 나를 건드리더군.

 이라고 얘기할 때, "다른 것들"이라든지 "얼굴 없이"라는 말은 앞에서 한 얘기의 다른 표현일 터이다.
 그의 시 속에서는 사물의 경계가 지워지고, 안팎의 구별은 없어진다. (풍부하다는 것은 경계와 차별이 없다는 것이다. 둘이 아니라 하나라는 것이다.) 다시 말해서 그의 시는 그것이 노래하는 사물의 핵심에 이르지 않는 법이 없다. 그리고 거기 열리는 세계는 무궁동(無窮動)이라고 할 수밖에 없는 역동 상태에 있다.
 그러한 역동성은 열광하고 감동 잘하는 그의 체질, 대상과 한몸이 되지 않고는 견디지 못하는 감각의 점착성, 물도 있고 불도 있으며 온갖 자원의 보고요 생명의 원천이면서 동시에 죽음의 나락인 저 깊고 어두운 대지와도 같은 무의식의 거친 생명력, 사물의 안팎을 동시에 거머잡으며 수직·수평 운동 또는 구심·원심 운동을 아울러 수행함으로써 작품에 깊이와 넓이를 동시에 주는 민첩한 상상력의 에너지, 그리고 인간과 모든 생명 있는 것들을 향해 퍼져나가는 형제애와 사랑 같은 것들의 소산이라고 할 수 있는 바, 그의 시가 말이 아니라 하나의 생동인 까닭을 우리는 어렴풋이나마 짐작해 볼 수 있다.

무의식의 즙으로 물오른 언어라고 할 수 있는 그의 시가 일관되게 가지고 있는 특징이라고 할 수 있지만, 특히 그의 『지상의 거처』 I·II는 서구의 언어로 쓰인 가장 위대한 초현실주의 시라는 평가를 받고 있다. 그러나 그의 초현실주의는 프랑스 초현실주의와는 다르다.(물론, 말할 것도 없지만, 그의 시는 모든 주의(主義)를 멀리 뛰어넘으며, 어떤 주의를 빌려 그의 시를 설명하려는 것은 악덕이라는 걸 지적해 둬야겠다.) 이 책에 실려 있는 대담에서 그가 "남미에서의 시는 전혀 다른 문제다. 알다시피 우리 대륙의 나라들에는 이름 없는 강들, 아무도 모르는 나무들, 누구도 말한 적이 없는 새들이 있다. 우리가 초현실적이 되는 건 쉬운 노릇인데 왜냐하면 우리가 아는 모든 것은 새로운 것이기 때문이다."라고 말하고 있듯이 배워서거나 의식적으로 그렇게 된 게 아니라, 그가 태어나 자란 자연환경 때문에 저절로 그렇게 된 것이고 또 가슴에 들어 있는 심장처럼 타고난 체질이요 재능의 특성이라고 할 수 있을 것이다.

그러니까 영역자인 로버트 블라이라는 미국 시인의 다음과 같은 얘기는 정확한 것이라고 할 만하다. "네루다의 시들과 비교해 보면 프랑스 (초현실주의) 시인들의 시는 생기 없고 찍찍거리는 것이다. 그 프랑스 시인들은 자기들이 제도화된 아카데미즘과 합리주의적 유럽 문화를 싫어하기 때문에 스스로를 억지로 무의식 속으로 몰고 간다. 그러나 네루다는 재능을 가졌다―미래 속에서 순간적으로 사는 점쟁이의 재능, 우리가 무의식적 현재라고 부를 수 있는 것 속에서 잠깐씩 사는 재능을. 아라공과 브르통은 이성(理性)의 시인들로서, 자신들을 가끔 무의식 속으로 되던져 넣었을 뿐이지만 네루다는, 집게발과 딱딱한 등딱지를 가진 심해의 게처럼, 대낮과 같은 의식 밑바닥에 있는 육중한 (대량의) 물질들을 들이마실 수 있다. 그는 여러 시간 바닥에 머물면서, 조용히 그리고 히스테리 없이 어정거린다."

말하자면 그들 스스로의 시를 통해서는 실현하지 못한 프랑스 초현실주의자들의 꿈을 유감없이 실현한 시인이 네루다라고 할 수 있겠다.

예컨대 이른바 '인간 해방'이라는 것만 해도, 해방된 인간의 모습이란 궁극적으로 자연 상태로 있는 인간에 다름 아니라고 한다면, 네루다의 시가 해내고 있는 천지창조—또 하나의 창세기로서의 광활하고 신선한 공간이야말로 낙원이 아니고 무엇이랴. 지금 우리는 이 글의 앞부분에서 얘기한 걸 좀 다르게 말하고 있는 중이지만, 네루다의 시는 그리하여 모든 시의 꿈이라고 할 수 있는 자연으로서의 언어—인공 자연을 실현하고 있다고 할 수 있다.

옮긴이는 어떤 글에서 "현실과 역사는 끊임없이 우리의 꿈의 실현을 유예하면서 미래화하지만 지복(至福)의 순간을 허락하는 시는 우리의 현재를 탈환하고 회복한다."라고 말한 적이 있지만, 시가 가지고 있는 힘—읽는 사람을 실제로 해방하고, 신명의 열로 고양되게 하며, 새 세상 새 시간 속에 있게 하는 힘은 거의 물질적이라고 할 만큼 실감 나는 것이다. 사실 황홀이나 지복의 상태란 마악 소용돌이치고 있는 에너지가 아니고 무엇이겠는가!

나는 뭐라고 해야 할지 몰랐어, 내 입은
이름들을 도무지
대지 못했고,
눈은 멀었어.
내 영혼 속에서 뭔가 두드렸어,
열(熱)이나 잃어버린 날개,
그리고 내 나름대로 해보았어,
그 불을
해독하며,
나는 어렴풋한 첫 줄을 썼어
어렴풋한, 뭔지 모를, 순전한
난센스,
아무것도 모르는 어떤 사람의
순수한 지혜;
그리고 문득 나는 보았어
풀리고
열린
하늘을,
유성(遊星)들을,
고동치는 논밭
구멍 뚫린 어둠,
화살과 불과 꽃들로
들쑤셔진 어둠,
소용돌이치는 밤, 우주를.

그리고 나, 이 미소(微小)한 존재는
그 큰 별들 총총한
허공에 취해,
신비의
모습에 취해,
나 자신이 그 심연의
일부임을 느꼈고,
별들과 더불어 굴렀으며,
내 심장은 바람에 풀렸어.

2

 파블로 네루다는 1904년 7월 12일 칠레 남부의 국경 지방에 있는 한 작은 읍에서 철도 노동자의 아들로 태어났다. 그의 아버지는 네루다가 소년일 때 자신이 일하던 기차에서 밀쳐져 피살되었다. 시인은 "우리 아버지는 이 세상에서 비가 제일 많이 오는 묘지에 묻혔다."라고 말한 바 있다.
 그의 원래의 이름은 네프탈리 리카르도 레예스 바소알토였고, 그의 필명은 아주 어렸을 때 19세기 체코 시인을 숭배한 나머지 지은 것이다.
 열여섯 살 때인 1921년, 네루다는 고등학교 진학을 위해 산티아고로 보내졌다. 그의 시 「길 위의 친구들」은 그 시절에 관한 작품이다. 그는 그때 이미 시를 쓰고 있었는데, 아주 활기 있고 열광에 차 있는 작품이었다. 열아홉 살 때 그는 시집 『스무 편의 사랑의 시와 한 편의 절망의 노래』를 냈는데, 이 시집은 오늘날에도 남미 전역에서 사랑을 받고 있다.

> 한 여자의 육체, 흰 언덕들, 흰 넓적다리,
> 네가 내맡길 때, 너는 세계와 같다.
> 내 거칠고 농부 같은 몸은 너를 파 들어가고
> 땅 밑에서 아들 하나 뛰어오르게 한다.

그는 나중에 "연애시가 내 몸 전체에서 돋아났다."라고 말했다.

> 아, 사랑이 울려내는 네 신비한 목소리는
> 반향하며, 숨 막히는 저녁 속에 어두워진다!
> 그렇게 깊은 시간 속에서 나는 보았다, 들판에서
> 밀의 귀들이 바람의 입 속에서 울리고 있음을.

그 무렵 쓴 단편 소설의 서문에서 그는 이렇게 썼다. "내 나날의 삶 속에서, 나는 평온한 사람이었고, 법률과 지도자들과 제도(관습)의 적이었다. 나는 중산층이 싫었고, 예술가든 범죄자들이든지 간에 불안정하고 불만에 찬 사람들의 삶을 좋아했다."

남미의 정부들은 젊은 시인들한테 영사 자리를 줌으로써 그들을 격려하는 전통을 가지고 있다. 네루다는 스물셋에 시인으로 인정받았고, 칠레 정부는 그에게 극동 주재 영사 자리를 주었다. 그 이후 5년 동안 그는 미얀마, 태국, 중국, 일본, 인도 등지에서 살았다. 네루다는 이 책에 실려 있는 대담에서 그 시절이 아주 외롭고 고립되었던 때라고 말하고 있다. 『지상의 거처 Ⅰ·Ⅱ』의 많은 시들은 그 시절에 쓰인 것이다.

네루다는 1932년에 남미로 돌아왔는데, 그의 나이 스물여덟이었다. 얼마 동안 그는 부에노스아이레스 영사로 있었는데, 그때 아르헨티나에 강연하러 온 로르카를 만났다. 『지상의 거처 Ⅰ』은 1933년에 출간되었다. 1934년 그는 스페인으로 발령받는다.

스페인 사람들은 이미 여러 해 전부터 그의 야성적인 시를 알고 있었고, 그래서 그를 존경과 열광으로 맞이했다. 그와 아내인 델리아가 사는 집은 곧 시인들로 붐볐는데―특히 로르카와 에르난데스가 자주 드나들었다. 『지상의 거처 Ⅱ』가 1935년 스페인에서 간행되었다. 로르카, 에르난데스 및 여러 다른 시인들이 그들의 초현실주의 시들을 네루다가 발행하는 잡지《시를 위한 초록 말》에 발표했다. 스페인은 15년에 걸친 시의 위대한 시대를 맞았는데, 이는 1500년대 이후 가장 비옥한 시기였다. 이 시기는 스페인 내전으로 종지부를 찍었다.

1936년 7월 19일, 프랑코가 북아프리카로부터 침공했다. 네루다는, 영사의 직위로서는 월권 행위에 속하는 것이었는데, 칠레는 인민전선 정부 편임을 즉각 천명했다. 영사 직을 물러난 뒤 그는 파리로 갔고, 거기서 스페인 망명자들을 위해 모금을 했는데, 브르통 및 다른 프랑스 시인들과 바예호의 도움을 받았다. 네루다의 시는 비로소 심각하게 정치적인 게 되었다. 네루다는 스페인을 사랑하게 되었고, 거기서 사는 걸 좋아하게 되었으며, 스페인 시인들이 받은 충격을 나누게 되었는데, 그 충격이란 그들의 나라를 우익한테 빼

앗기는 걸 말하는 것이었다. 그의 시에서의 정치적인 에너지는 어떻든 불가피한 것이었던 듯하다. 『지상의 거처 Ⅰ·Ⅱ』에서 바깥 세계가 그렇게 선명히 드러나고 또 시들이 고통의 감각으로 차 있었으니, 나중의 정치시로의 발전은 놀라울 것이 없다고 하겠다. 그는 1940년에 아메리카로 돌아왔고, 1941년에서 1942년 사이에 멕시코 주재 칠레 영사를 지냈다. 스페인 내전에 관해서 쓴 작품들은 『지상의 거처 Ⅲ』이라는 이름 아래 발표되었다.

1944년, 칠레의 질산염 광(鑛) 지대인 안토파가스타의 노동자들이 네루다한테 와서 자기네 지역 상원의원으로 출마해 줄 것을 요구했다. 그는 출마했고, 그리고 당선되었다. 그는 이제 자기 나라의 상원의원이었다. 그는 칠레의 정치에 대단한 관심을 기울였다. 몇 해 뒤에 그는 베네수엘라 시인인 미겔 오테로 실바에게 쓴 긴 시에서, 자기가 연애시인으로 남아 있었으면 상원의원들이 얼마나 다행스러워했겠는가 하는 데 대해서 쓰고 있다.

    내가 연애시를 쓰고 있을 때 말야, 그 작품은 내 몸
    사방에서 돋아난 것이고, 그 무렵 나는 의기소침에서 헤어나지 못하고 있었고,
    떠돌이 생활에 자포자기해서, 알파벳을 갉아 먹고 있었는데 말이지,
    그때 그들은 나한테 말했어: "당신 참 굉장하군요, 테오크리토스!"
    나는 테오크리토스가 아니야: 나는 생(生)을 얻었고,
    그녀와 대면해, 그녀에게 키스했고,
    그러고 나서 다른 사람들이 어떻게 사나 보려고
    광산의 갱 속으로 다녔지.

그리고 내가 나왔을 때, 내 손은 쓰레기와 슬픔으로 얼룩져 있었고,
나는 손을 들어 그걸 장군들한테 보여주며
말했지: "나는 이 죄악의 일부가 아니오."
그들은 기침을 하기 시작했고, 역겹다는 표정을 지었고, 인사도 하지 않았고,
나를 테오크리토스라고 부르는 것도 그만두었고, 결국 나를 모욕하기에 이르렀으며
전 경찰력으로 하여금 나를 체포하도록 했는데
왜냐하면 내가 주로 형이상학적 주제에 매달리는 걸 계속하지 않았기 때문이야.

네루다의 상원의원 체험은, 그가 말하는 대로, 비밀경찰에 쫓기는 것과 함께 끝났다. 자초지종은 이렇다. 1947년, 미국의 지원을 받는 우익 강자 곤살레스 비델라가 독재자로 들어앉았다. 6개월 뒤 네루다는, 상원의원으로서, 칠레의 헌법을 위반했다고 그를 공격했다. 비델라는 네루다를 반역죄인으로 몰았다. 예상했던 대로 네루다는 스스로 망명길에 오르지 않았고, 비델라를 한 번 더 공격했으며, 비델라는 그를 체포하라고 명령했다. 네루다는 지하로 숨었다. 광부들과 노동자들이 그의 생명을 구했고, 처음에는 칠레 국내에서, 나중에는 남미의 다른 나라에서, 밤이면 이 집에서 저 집으로 옮겨가도록 했다. 한 7~8개월 동안 그는 옮겨 다녔다. 마침내 그는 말을 타고 안데스 산맥을 넘어 아르헨티나로 갔고, 거기서 파리로 날아갔다. 이 기간에 그는 새로운 시집 『모두의 노래』를 쓰고 있었고, 그것은 1949년에 끝났다.

그 제목은 어떤 특별한 주제에 한정된 시나 별난 종류의 시에 한정되기를 거부하는 뜻을 함축하고 있다. 네루다는 그 시집을 14년 동안 썼다. 그것은 휘트먼의 『풀잎』 이후 아메리카 대륙에 관해 쓴 가장 위대한 작품이다. 340편의 시가 담겨 있는 이 시집은 하나의 남미 지리, 생물, 정치사이다. 그 상상력의 풍부함은 놀라운 것인데 그러나 모든 작품이 질적으로 고른 건 아니다. 특히 경찰에 쫓기는 동안 쓴 것들에서는 화를 내고 있어서 시를 손상하고 있다.

네루다는 푸슈킨 탄생 150주년 기념 행사에 참석하기 위해 파리에서 러시아로 갔고, 다시 멕시코로 돌아왔는데, 1950년 그곳에서 『모두의 노래』 초판이 나왔다.

곤살레스 비델라 정부가 무너졌을 때 네루다는 칠레로 돌아왔다. 1953년 이후 그는 산티아고 인근 해안에 있는 작은 섬 이슬라 네그라에서 살았고, 그 후 발파라이소에서 지내기도 했다.

『지상의 거처 Ⅰ·Ⅱ』의 향내적(向內的)이고 초현실주의적인 시에서 『모두의 노래』의 이야기가 있고 역사가 들어 있는 시로 옮겨 가는 동안 스타일에 상당한 변화가 있었다. 그러나 그 뒤에도 그의 시의 스타일은 여러 번 바뀌었다. 가령 위의 두 시집에서는 길이가 긴 시행이 힘차게 흘러가지만 1950년대 중반부터는 둘 내지 세 단어로 되어 있는 짧은 시행의 시를 쓰기 시작한다. 『단순한 것들을 기리는 노래』가 그것인데, 서너 해 동안 100편쯤 되는 작품을 썼다.

『날의 손들』이라는 제목 아래 묶인 만년의 시들에는 삶을 마감해 가고 있는 시인의 심경이 잘 드러나 있다. 문체는 몇 번 바뀌었지만 그의 체질―흔히 초현실주의적이라고 불리는―은 평생 그의 시를 관류하고 있었다.

1970년 대통령 선거가 실시되자 네루다는 살바도르 아옌데를 지지, 선거 운동에 열을 올렸고, 아옌데가 대통령에 당선되자 프랑스 대사로 임명되었다. 그리고 1971년에는 노벨문학상을 받고, 같은 해 프랑스 대사직을 사임, 귀국하여 산티아고 국립 운동장에서 대대적인 환영을 받았다.

그러나 1973년 군사 쿠데타가 일어나 아옌데가 죽고, 그해 9월 23일 파블로 네루다는 산티아고에서 세상을 떠났다. 그가 살고 있었던 발파라이소의 집과 산티아고의 집이 샅샅이 파헤쳐지고 파괴되었다는 사실이 알려지자 세계는 깊은 충격을 받았다.

3

네루다는 자서전의 「어린 시절과 시」라는 대목에서 그의 시의 원천에 대해 이야기하고 있다.

언젠가 테무코에 있는 우리 집 뒤뜰에서 내 세계의 작은 물건들과 작은 존재들을 살펴보다가 나는 담장 판자에 뚫린 구멍을 보게 되었다. 그 구멍으로 내다보니까 거기 우리 집 뒤에 있는 풍경과 같은 것, 방치되고 황량한 풍경이 있었다. 나는 몇 걸음 뒤로 물러섰는데, 왜냐하면 막연하게나마 무슨 일이 일어나려고 하고 있다는 걸 느꼈기 때문이다. 홀연히 어떤 손이 나타났다―내 나이 또래쯤 돼 보이는 작은 손이. 내가 다시 가까이 갔을 때, 그 손은 사라지고, 그 대신 거기엔 아주 근사한 흰 양이 하나 놓여 있었다.

그 양의 털은 바래서 모습을 찾기 힘들었다. 바퀴들은 떨어져 나가고 없었다. 그러한 사정이 그걸 더욱 진정한 것이게 했다. 나는 그렇게 근사한 양을 본 적이 없었다. 나는 그 구멍으로 다시 내다봤으나 그 아이는 사라지고 없었다. 나는 집으로 들어가서 내 보물을 가지고 나왔다: 벌어지고, 솔 냄새와 송진으로 가득 찬 솔방울인데, 내가 무척 좋아하는 것이었다. 그걸 아까 그 자리에 갖다 놓고 나서 양을 가지고 왔다.

    나는 그 손도 그 아이도 다시는 보지 못했다. 그리고 그와 같은 양도 다시 보지 못했다. 불이 나는 바람에 나는 그 장난감을 결국 잃어버리고 말았다. 거의 쉰 살이 다 된 1945년 지금까지도, 완구점 앞을 지날 때마다 나는 남몰래 진열장을 들여다보지만, 소용이 없는 노릇이다. 이제 그와 같은 양은 더 만들지 않는 것이다.
    나는 운좋은 사람이었다. 형제들 사이에서 느끼는 친밀감은 인생에서 아주 근사한 것이다. 우리가 사랑하는 사람들의 사랑을 느끼는 것은 우리의 삶을 기르는 불이다. 그러나 우리가 모르는 사람들로부터 사랑을 느끼는 것, 우리에게 알려지지 않은 사람들, 우리의 잠과 고독을 지켜보고, 우리의 위험과 약함을 돌보는 그러한 사람들로부터 오는 사랑을 느끼는 건 한결 더 대단하고 더욱더 아름다운 것인데, 왜냐하면 그것은 우리 존재의 범위를 넓히고, 모든 살아 있는 것들을 묶기 때문이다.
    그 교환은 나로 하여금 처음으로 '인류는 하나'라는 귀중한 생각에 눈뜨게 했다. 한참 뒤에 나는 다시 그런 체험을 했는데, 이번에는 걱정과 박해를 배경으로 해서 두드러지게 눈에 띄는 그러한 것이었다.
    그러니 내가 인간의 형제애를 나누려고 무슨 수지질(樹脂質)의 지구 비슷한, 그리고 향내 나는 걸 주려고 했다는 데 대해 당신은 놀라지 않을 것이다. 언젠가 내가 담장 옆에 솔방울을 남겨놓았듯이, 나는 내 말을 내가 잘 모르는 수많은 사람들의 문 앞에, 감옥에 있는 사람들이나 쫓기는 사람 또는 외로운 사람들의 문 앞에 놓아왔던 것이다.

 그것이 내가 나의 어린 시절에서, 외딴집의 뒤뜰에서 배운 커다란 교훈이다. 그것은 서로 모르고, 삶의 무슨 좋은 걸 상대방한테 건네주고 싶어 했던 두 아이의 놀이에 지나지 않았을는지도 모른다. 그렇지만 이 작고 신비한 선물의 교환은 내 속 깊이, 불멸의 것으로 남아, 내 시에 빛을 던져주고 있는지도 모른다.

이 아름답고 신비한 사건에서 우리는 모든 위대한 영혼들한테 있었던 운명적인 순간을 감지하면서 네루다 시의 비밀을 언뜻 보았다는 느낌이 들기도 한다.
 가령 그가 노동자의 비참과 죽음을 노래할 때도, 「크리스토발 미란다」에서도 보듯이, 단순한 분노나 고발을 넘어, 비록 자신은 그들과 같은 일을 하지 않고 그들과 같은 처지에 있지 않다 하더라도, 그들의 고통에 동화하는 타고난 진정성―마음 됨됨이와 작품 됨됨이에서 아울러 오는 그 비상한 진정성이 치열하리만큼 밀도 있는 것이어서 읽는 사람을 감동케 한다.

1988년 여름
정현종

옮긴이 후기
— 1989년에 출간됐던 초판에 실린 글

번역에 관해 군소리를 좀 해야겠다. 옮긴이는 근년에 네루다와 로르카를 영역판으로 즐겨 읽었다. 실은 이번 번역에 주로 사용한 블라이(Robert Bly) 편역판을 미국에 살고 있는 대학 선배 최익환 선생이 3년 전엔가 보내주셔서 뒤적거리다가 (이 책 말고도 네루다 영역판을 사 가지고 있었으나 별로 읽지 않았었다.) 네루다 시에 반하게 되었던 것인데, 언젠가 이런 얘기 저런 얘기 하는 자리에서 김우창 선생께서, 번역을 해서 《세계의 문학》에 싣자는 제안을 하셨고, 그때 나는, 중역이라는 게 마음에 걸려, 역시 스페인어 문학을 전공하는 사람이 해야 하지 않겠느냐고 했더니, 그거야 무슨 상관이 있겠느냐고 하셔서 용기를 얻어 우선 다섯 편을 해서 실은 일이 있다. 그러자 민음사 박맹호 사장께서 단행본으로 내는 게 좋겠다고 하셨고 그래서 나는 한두 편씩 번역을 했던 것인데, 워낙 게을러서 진척이 더디다가 편집장인 이영준 씨의 독촉을 몇 번 받고 지난 여름 방학에 서둘러 일을 해서 이렇게 나오게 되었다. 옮긴이가 네루다 시에

심취하는 계기가 된 좋은 영역본을 보내주고, 번역을 부추기고, 책을 만든 위의 세 선생께 감사드리고, 편집부 여러분들께도 고마움을 표하고 싶다.

번역이 작품을 자세히 읽는 제일 좋은 길이라면 적어도 여기 번역한 작품은 비교적 자세히 읽은 셈이니 그 점 옮긴이로서는 흐뭇하고, 또 학생들과 더불어 읽을 생각을 하니 상당히 즐겁지만, 번역한 게 방대한 작품의 아주 적은 부분에 지나지 않는다는 아쉬움이 있다.

그리고 번역에도 흠이 있을 것으로 생각되지만, 그저 옮긴이가 읽은 결과라고 생각해 주시면 좋겠는데, 실은, 한술 더 떠서, 옮긴이에게, 한 프랑스 철학자의 말을 빌려 독자로서의 "일말의 오만"이 허락된다면, 마치 옮긴이 자신이 쓴 것처럼 으스대고 싶기도 하다는 말씀을 덧붙이고 싶다.

옮긴이 **정현종**
1939년 서울에서 태어나 연세대학교 철학과를 졸업했다. 1965년 《현대문학》으로 등단했으며, 첫 시집 『사물의 꿈』 이후 『나는 별아저씨』, 『떨어져도 튀는 공처럼』, 『사랑할 시간이 많지 않다』, 『한 꽃송이』, 『세상의 나무들』, 『갈증이며 샘물인』, 『견딜 수 없네』, 『정현종 시전집 1·2』 등의 시집과, 시선집 『고통의 축제』, 『이슬』 등을 냈다. 또한 『스무 편의 사랑의 시와 한 편의 절망의 노래』, 『네루다 시선』을 비롯해, 『백 편의 사랑 소네트』, 『강의 백일몽』 등을 우리말로 옮겨 네루다와 로르카를 국내 독자들에게 알리기도 했다. 한국문학작가상, 이산문학상, 대산문학상, 미당문학상 등을 수상했으며, 2004년에는 칠레 정부에서 전 세계 100인에게 주는 '네루다 메달'을 받았다. 서울예술대학 문예창작과와 연세대학교 문과대 교수를 역임했다.

네루다 시선

1판 1쇄 펴냄	2000년 12월 15일
1판 11쇄 펴냄	2005년 6월 5일
2판 1쇄 펴냄	2007년 1월 25일
2판 13쇄 펴냄	2022년 3월 30일
지은이	파블로 네루다
옮긴이	정현종
발행인	박근섭, 박상준
펴낸곳	(주)민음사
출판등록	1966. 5. 19. (제16-490호)
주소	서울특별시 강남구 도산대로1길 62(신사동) 강남출판문화센터 5층 (우편번호 06027)
전화	대표전화 02-515-2000 팩시밀리 02-515-2007 www.minumsa.com

한국어 판 ⓒ (주)민음사, 2000, 2007. Printed in Seoul, Korea

ISBN 978-89-374-0749-9 04870
ISBN 978-89-374-0750-5 (세트)

* 잘못 만들어진 책은 구입처에서 교환해 드립니다.